한 권으로 읽는

# 한국
# 고대사
# 강의

한 권으로 읽는

# 한국 고대사 강의

김선숙 지음

ksi 한국학술정보㈜

## ∙∙● 머리말 ●∙∙

　최근 우리 사회에서는 이웃나라인 중국이나 일본 등에서 일고 있는 자국 역사 강화교육 및 양국 역사교과서의 왜곡된 기술에 따른 국내에서의 반발과 반성의 일환으로서 국사(國史)교육에 대한 중요성을 인식하고 중·고등학교 역사교과서의 필수과목 선택과 국사교육의 강화 및 대학교에서의 국사학과 설립에 대한 장려 등을 적극 권장하고 있습니다.

　사실 국사는 필자가 중·고등학교 시절만 해도 주요 교과목으로서 배운 적이 있었고, 대학시험이나 각종 고시 및 공무원시험에서 매우 중요시되기도 하였습니다. 그러나 수년 전부터 정부에서는 국제화·세계화라는 명목하에 국사를 대학교 입시시험의 필수과목이나 각종 고시 및 공무원시험 등에서 제외시켰고, 일선 중·고등학교의 교사나 학생들은 점수를 좀 더 많이 올릴 수 있는 다른 과목을 선택하면서 상대적으로 국사를 경시하는 분위기가 일어나기도 했습니다.

　그 결과는 대학교 현장에서 부정적인 현상으로 나타나게 되었습니다. 즉, 필자가 대학생들에게 국사를 중·고등학교에서 배운 적이 있었는지를 물었을 때 다수의 학생들은 국사를 배우지 않았다고 대답한 일이 있었습니다. 특히 일선 중·고등학교에서는 한자(漢字)도 가르치지 않았기 때문에 대학생들은 한자에 대한 지식도 거의 없는 형편이었습니다.

　이러한 문제점을 인식한 필자는 대학생들에게 한국 고대사를 가르치면서 최대한 한글 위주로 하되 한자를 첨가해야 이해할 수 있는 보통명사 또는 고유명사를 보완적으로 삽입하고 분량이 많지 않으면서 한국고대사의 흐름을 전반적으로 파악할 수 있으며 그 흐름을 지루해 하지 않고 쉽게 이해할 수 있는 필자만의 강의교재를 만들어야겠다는 생각을 품게 되었습니다.

　왜냐하면 기존에 나와 있는 역사전공서적들은 한자가 매우 많아서 대학생들이 공부하기에는 어려운 점이 많고 일반 역사교양서적들은 매우 단순하고 깊이가 얕아서 어느 정도 지식을 축적한 대학생들이 교재로서 사용하기에는 부족한 감이 없지 않기 때문입니다. 더욱이 대학생들을 가르치기 위한 교재를 선택하기 위해 찾아본 한국 고대사와 관련한 기존 개괄서는 제한된 수업시간에 가르치기에 분량이 많고, 일반 한국사 서적들 역시 수험용처럼 개론적인 내용들로 구성되어 있어서 그다지 흥미를 유발하지 못하기 때문에 만족할 만한 수준의 것이 아니었습니다.

　그래서 강의교재는 책이 아닌 프린트물로 작성해야 했고 필자의 블로그에 올린 강의록을 학생들이 직접 출력하여 수업시간에 가지고 와서 공부를 해야 했습니다. 이러한 불편함을 해소하고자 비록 부족한 점이 많지만 인쇄물로서 세상에 내놓기로 마음먹게 되었습니다. 그런데 때마침 강의교재를 출판할 수 있는 좋은 기회를 갖게 되었습니다.

그러므로 이 책을 출간하는 주된 목적은 대학생들에게 한국 고대사의 흐름을 이해시키기 위한 것이라고 하겠습니다. 물론 평소 한국 고대사에 관심이 있었던 일반인이나 중·고등학생이라면 역시 어렵지 않게 접할 수 있을 것이며 반드시 그랬으면 좋겠습니다. 끝으로 이 책의 출판을 기꺼이 허락해주신 한국학술정보(주) 출판기획팀에게 감사의 말씀을 올립니다.

2011년 7월 무더운 어느 여름날에
김선숙

# contents | 차례

# 01

## 한국의 신화와 역사

## 1) 역사의 의미

### ◆ E. H. Carr – "역사란 현재와 과거가 나누고 있는 대화다"

(1) 동양에서 역사(歷史)의 '역(歷)'은 지나가다 또는 지나간 일을 말하며, 사(史)는 사관(史官), 곧 기록하는 사람(역사가)의 뜻을 갖는다(歷→'厤' : 집안에 벼를 줄지어 놓은 모양. '止' : 발을 본뜬 모양. 史 → '又' : 오른손의 뜻. '中' : 축문을 적어 나뭇가지 따위에 붙들어 맨 형상, 즉 제사에 종사하는 사람의 뜻, 또는 천자의 언행을 기술하는 벼슬아치의 뜻).

(2) 서양에서 역사의 영문인 'History'의 어원은 그리스어의 'Historia'로 본래 탐구, 구명 또는 알아내는 일을 의미하며 서양 역사의 아버지로 불리는 고대 그리스의 **헤로도토스**(Herodotus)가 처음 사용한 말이다. 헤로도토스는 역사란 '진실을 찾아내는 일'이라고 하였다. 이러한

의미에 따라 그는 첫째, 역사를 하나의 체계적 지식으로 간주하였고 둘째, 역사로부터 신화적 전설적 요소를 배제하여 인간중심적인 것으로 서술했으며 셋째, 인간행위가 후세 사람들의 기억 속에 길이 남는 교훈을 주도록 되어야 한다고 생각하였다.

(3) 역사에는 **과거로서의 역사, 기록으로서의 역사, 지식으로서의 역사** 등 모두 세 가지 의미가 있다.

### ① 과거로서의 역사

역사는 수많은 사람들이 겪은 경험의 총체이며 인류가 전체적으로 경험한 사실들의 창고인 셈이다. 역사를 과거 그 자체라고 생각한다면 수백만 수천만의 똑같은 값어치를 갖는 사실들로 구성되어 있다고 볼 수 있다. 역사는 유명하지 않은 보통사람도 특출 난 영웅들과 함께 공존하는 터가 되며 거기에서는 간단하고 사소한 사건이라 할지라도 제2차 세계대전과 같은 커다란 사건과 마찬가지로 실체로 존재한다. 한마디로 과거는 그 자체로서 질서 없이 존재하는 수많은 사실들의 집합체이다.

### ② 기록으로서의 역사

과거 속에 존재하는 수많은 단순사실이란 시간의 흐름 속에서 사라질 것이지만 그 가운데에서 어떤 사실들은 기록된 자료를 통해 남아 있게 되며 후세에까지 전해지게 된다. 따라서 역사란 기록된 자료를 의미한다. 인류역사를 선사시대와 역사시대로 구분하는 것은 역사가들의 관계로 되어 왔다. 이 구분 기준은 문자에 의한 기록의 유무이다. 즉, 역사시대는 문자가 만들어져 기록이 나오게 되면서부터 시작되었다. 이때부터 사람들은 주변 생활이나 사회적 변천을 좀 더 확실한 방법으로 후세에 전할 수 있게 되었다. 이러한 점에서 역사는 글로 완성된 기록이나 역사문서 등과 같은 사료를 뜻한다. 따라서 역사는 기록이나 책을 가리키는 뜻으로 인간에게만 있는 것이다.

### ③ 지식으로서의 역사

역사가 단순과거의 형태에서부터 기록이나 역사서와 같은 형태가되는 데 어떤 사실을 골라내야 하는 과정을 거치게 된다. 이 과정에서 골라내는 기준이 서 있어야 하기 때문에 역사가의 평가가 필연적으로 따르지 않을 수 없다. 따라서 역사가는 사실을 고르고 평가하게 되는데 고르고 평가한 결과가 바로 해석이다. 결국 역사는 역사가에 의해 기술, 평가, 해석이라는 작업을 통해 완성된다.

## 2) 동양의 역사서와 역사서술

동양에서 가장 오래된 서적으로는 『춘추(春秋)』가 있다. 이 책은 중국의 춘추시대 노(魯)나라 학자인 공자(孔子)가 각종 사건을 날짜별로 저술한 책인데, 당시 수백 년을 이어온 주(周)나라 왕실세력이 미약해지고 각 지역에서 왕을 대신해 백성을 다스리던 봉건제후들이 왕실의 권위를 무너뜨리는 등 전국적으로 혼란이 일어나자 왕을 높이 받들어 도전세력을 물리치자(尊王攘夷)는 명분하에 만들어진 일종의 유교경전이다. 그렇기 때문에 엄밀히 말하면 『춘추』는 역사서라고 볼 수 없다.

최초의 역사서로 평가받는 책은 한(漢)나라 무제(武帝) 때(기원전 141~88) **사마천(司馬遷)**이 저술한 『**사기(史記)**』인데 **기전체(紀傳體)**

의 형식을 띠고 있다. 즉, 제왕(帝王)의 치적을 시대 순으로 정리한 **본기(本紀)**, 제후나 신하에 관한 사항을 적어 놓은 것이 **세가(世家)**, 왕과 신하의 출생·즉위·활동 등을 기재한 **표(表)** 및 신하와 백성 가운데 특기할 만한 인물들에 대해 적어놓은 **열전(列傳)** 등으로 구성되어 있다. 이러한 역사서술방식은 제왕을 세상의 중심으로 여기고 그들의 활동을 전하는 일에 힘쓰기 때문에 정치 중심의 역사의식을 철저하게 반영한다. 중국에서는 국가의 주도로 관료 역사가에 의해 한 왕조가 멸망하고 나면 다음 왕조가 앞선 왕조의 역사를 정리하는 것이 공식화되고 있었는데 이를 '正史'라 하며 우리나라에도 큰 영향을 주었다.

우리나라에서 기전체 형식을 갖춘 역사서로서 현재까지 전해지는 가장 오래된 책으로는 『**삼국사기(三國史記)**』가 있다. 이 서적은 고려 시대 중기인 **1145년(인종 23)**에 왕명에 따라 **김부식(金富軾)**의 주도로 편찬한 것인데 **본기(本紀), 표(表), 잡지(雜志), 열전(列傳)** 등으로 짜여 있다. 본기에는 왕의 치적을 나열하였는데 정치·경제·사회·외교·전쟁 등을 중심으로 기술되어 있고, 표에는 제왕의 출생과 이름 등 간략한 약력이, 잡지에는 제사(祭祀), 악(樂), 색복(色服), 거기(車騎), 옥사(屋舍), 지리(地理), 직관(職官) 등이, 열전에는 고구려(高句麗)의 을지문덕(乙支文德)이나 백제(百濟)의 계백(階伯), 신라(新羅)의 김유신(金庾信) 등 삼국에서 뛰어난 활동을 한 인물들이 기재되어 있다.

『삼국사기』는 고려의 유학자인 김부식의 주도로 쓰여진 만큼 그의 사론이 크게 반영되었다. 그는 역사적 사실에 대한 평가기준을 유교의 禮에 두었고 그로 인해 예에 어긋나는 사실에 대해서 비판적인 입장을 취하였다. 그럼에도 불구하고 김부식은 우리나라에 중국과 다른 고유의 풍속이나 문화가 있었음을 인정하여 이를 배척하지 않고 그대로 기술하는 입장을 취하였다. 그 외에 우리나라에는 현재 전해지고 있진 않지만 기록상 가장 오래된 역사서로는 고구려의 『유기(留記)』와 『신집(新集)』, 백제의 『서기(書記)』, 신라의 『국사(國史)』 등이 있었다. 그 내용에 대해서는 구체적으로 확인할 길이 없지만 아마도 왕실의 권위와 위엄을 강조한 왕실계보 및 이와 관련된 사건들이 중심이 되었을 것이며 그 과정에서 설화적인 요소들도 담겨져 있었을 것으로 보인다.

또 다른 역사서로는 『삼국유사(三國遺事)』가 있다. 이 책은 고려의 승려 **일연선사(一然禪師)**가 1281년(충렬왕 7)에 편찬한 사찬사서인데, 『삼국사기』에서 제외된 내용 및 불교와 관련한 여러 가지 사실과 설화들이 수록된 기록물이다. 여기에는 중국의 역대왕조와 함께 고구려·백제·신라·가락국(김해의 금관가야)의 역대 왕을 왕의 대수(代數), 즉위연대, 재위연수, 연호의 사용여부, 중국과의 교섭, 국호에 대한 설명 등을 기술한 **왕역(王曆)**과 만주·연해주·한반도에 거주하던 나라들, 가령 고조선·위만조선·삼한·말갈·부여는 물론이고 평양지역에 거주하던 낙랑과 같은 한사군 관련 기사들이 담겨져 있으며, 삼국의 시조뿐 아니라 신라 역대 왕들의 기록이 설화형식으로 채워져 있는 **기이(紀異)**, 삼국에서 불교가 공인되기까지의 불교전파에 대해 기술한 **흥법(興法)**, 석탑·범종·불상·사찰에 대해 기록한 **탑상(塔像)**, 불교교리에 정통한 승려에 대해 기술한 **의해(義解)**, 고승들의 신통한 주술력에 대한 설화를 모은 **신축(神呪)**, 지극한 신심이 인간적인 능력의 한계를 뛰어넘는 내용을 담은 **감통(感通)**, 승려에 국한하지 않고 일반 사람들을 대상으로 세속적인 부귀를 탐내지 않고 초연히 벗어날 수 있는 사람에 대해 가록한 **피은(避隱)**, 효를 실천한 사람들에 대해 기록한 **효선(孝善)** 등으로 짜여져 있다.

『삼국유사』는 바로 현실 세계와 불교신앙의 세계, 국가정치와 서민의 생활, 그리고 이들을 중심으로 한 자연의 조화 속에서 자국의 역사가 전개되었다는 점을 전하고 있다. 또한 역사적 전통의 유구성과 신성함에 대한 새로운 힘을 찾아내고자 하였다. 그러나 이 사서는 조선시대에 이르러 유학자들에 의해 승려가 쓴 사서라는 이유로, 또는 거칠고 거짓으로 남을 속인다는 의미의 '황탄(荒誕)'이란 이유로 배척당했다. 그러다가 이 책은 근대 이후 신채호 · 손진태 등에 의해 역사서로서의 가치를 인정받았고 그 평가는 오늘에 이르고 있다.

다음으로 **편년체(編年體)**의 역사서도 있다. 이러한 체재는 기전체가 사안별로 매우 자세한 기록을 남길 수 있으나 일목요연하게 읽기에는 다소 부담스러운 체재와 분량이기 때문에 이를 보완한 방식이다. 편년체는 역사상 중요한 사건들을 날짜 순으로 정리한 역사서술방식으로서 중국에는 송나라 때 **사마광(司馬光)**이 편찬한 『**자치통감(資治通鑑)**』이 있다. 여기에서 '자치통감'이란 '왕이 나라를 다스리는데 도움을 주는 역사서'의 의미를 담고 있는데 군주의 정치적 교훈서라고 할 수 있다. 우리나라에도 중국의 역사서술체제를 받아들여 조선의 성종대에 『**동국통감(東國通鑑)**』이 만들어지기도 했다.

이러한 한국과 중국의 편년체사서에 영향을 받은 일본의 대표적인 책으로 『**고사기(古事記)**』· 『**일본서기(日本書紀)**』 등이 있다. 『고사기』는 712년에 편찬되었는데 일본의 건국신화를 중심으로 각 왕들의 치적이 신화적인 내용으로 이루어져 있으며, 『일본서기』 역시 720년에 편찬되었는데 건국신화를 중심으로 왕대별로 각 왕의 치적이 기술되어 있다. 이들 신화에는 동남아시아 계통의 신화가 많고 북방아시아 계통의 신화는 적다.

특히 북방아시아 계통의 신화는 한반도인들의 이주에 의하여 전하여진 것이고 지배계급의 시조신화는 이른바 천조대신(天照大神)의 신화로서 우리 민족의 태양신화와 동일한 구성인데 우리 민족이 오랜 옛날 일본열도로 건너가 일본의 지배계급이 된 역사적 사실을 반영한다. 그럼에도 불구하고 이들 책은 동양의 전통적인 역사서술방식이나 인식과 다르게 일본이 율령제도에 의해 운영되기 시작한 8세기 초에 저술된 것이기 때문에 비록 역사에 관한 책이지만 당대의 사실을 왜곡한 자국 위주의 만들어진 역사이며 당시 일본이 필요로 했던 천황의 전통성을 확고히 하고 율령국가를 지탱해 줄 세계관을 담고 있다.

## 3) 서양의 역사서와 역사서술

현재까지 알려진 서양 최초의 역사서는 **헤로도토스**의 『**역사(Historia)**』다. 그래서 흔히들 헤로도토스를 역사학의 아버지라 부르기도 한다. 이 책은 기원전 492년에서 480년 사이에 벌어진 페르시아전쟁의 역사를 다룬 것으로 그는 전쟁이 벌어지는 곳의 지형과 풍물·기후 등을 직접 조사했다. 따라서 그의 책에는 페르시아·이집트·그리스·이탈리아 등지를 여행한 경험이 다양하게 반영되어 있다.

그러나 오늘날 근대적 의미의 역사학은 19세기에 독일의 **랑케 (Ranke)**와 그의 제자들이 주장하고 추구하던 것으로서 랑케는 사료를 비판적으로 분석·연구하는 방법을 사용하였다. 그는 역사서 외에 회고록·일기·편지·외교문서 등을 사료로 채택하였다. 따라서 그를 가리켜 '과학적 근대 역사학의 창시자'라고 일컫기도 한다. 역사를 보는 관점에는 **역사의 주체**에 따라 **영웅사관**과 **민중사관**으로 나누며 **역사의 법칙성**에 따라 **순환사관**과 **진보주의사관, 발전사관, 유물사관 등**으로 나누어 보기도 한다.

영웅사관은 어떤 한 사람을 역사의 주체로 인식하고 그에 맞추어 해당시대를 설명하는데 프랑스의 나폴레옹 시대나 우리나라의 광개토대왕 시대, 세종대왕 시대 같은 용어가 바로 그것이다. 민중사관은 민중을 역사의 주체로 보는 시각인데 영웅사관에 비해 한 단계 발전한 사관이며 일반적으로는 민중을 하층민과 중류층으로 이해하고 있다. 순환사관은 역사의 진행에 일종의 법칙을 적용하려는 시각인데 단순 반복으로 보느냐, 아니면 나선형으로 진행되는 순환으로 보느냐에 따라 둘로 나누어지기도 하지만 역사의 행로를 생명체와 동일시했다는 점에서 같다. 진보주의사관은 역사가 고대에서 중세로 퇴보했지만 다시 근대로 진보했으며 앞으로는 계속 진보만 있을 것이라는 시각이다. 발전사관은 역사가 끊임없이 발전한다고 보는 입장이며 유물사관은 생산수단을 기준으로 원시공산제사회, 노예제사회, 봉건농노제사회, 자본주의사회, 공산주의사회 등으로 나누어보았는데 경제를 역사발전의 원동력으로 파악하였다.

## 4) 한국의 건국(시조)신화와 역사성

### (1) 신화의 의미

신화란 신을 포함해 어떤 특출한 인물에 대한 신이한 또는 신비한 이야기다. 그래서 신화를 역사와 다른 것으로 이해하기 쉽다. 그러나 신은 인간과 분리하여 생각할 수 없는 존재로서 특히 고대인들은 신과 인간을 자주 일치시켜 왔다. 신이나 특출한 인물들의 각종 활동을 통해 고대의 자연환경과 고대인들의 생활방식, 그들의 인생관·역사관·자연관 등을 느낄 수 있다. 신화는 집단적 의식의 반영이기도 하다. 집단적 의식은 사회공통의 경험을 바탕으로 형성된다. 사회공통의 경험과 의식, 그것은 역사학이 추구하는 것이며 그런 의미에서 신화는 역사학의 사료로서 존중되는 것이다.

세계의 어느 종족이나 그 씨족 또는 부족의 원시사회 단계에 있어서는 그 씨족 또는 부족의 시조에 대한 설화가 전승되었다. 몇몇 씨족 또는 몇몇 부족이 정복 동화되어 하나의 보다 큰 사회집단을 이루었을 때에는 그들 각각의 시조신화가 하나로 조정되거나 결합 공존하는 일이 있다. 그리하여 여러 부족이 정복과정을 거쳐서 하나의 국가를 형성하게 되면 여러 부족 중 지배부족의 시조신화가 그 나라의 건국신화가 된다.

## (2) 건국(시조)신화

### ① 고조선(古朝鮮)의 단군신화(檀君神話)

단군신화는 조선의 시조신화이며 건국신화이기도 하다. 단군신화는 오랜 구전시대를 거쳐 어느 시기에 『고기(古記)』또는 『단군고기(檀君古記)』라는 문헌에 기록된 것을 13세기 중엽에 승려 일연이 편찬한 『삼국유사』에 실려 오늘에 전해지고 있다.

■ 단군신화의 내용

『위서(魏書)』에 이르기를, "지금으로부터 2천 년 전에 단군왕검(檀君王儉)이라는 사람이 있어 아사달(阿斯達)에 도읍을 정하고 나라를 세워 조선(朝鮮)이라고 부르니 중국의 요(堯)임금과 같은 때이다"라고 했다. 『고기(古記)』에 이르기를, "옛날에 환인(桓因)의 서자인 환웅(桓雄)이 지상세계에 내려가 사람들을 잘 다스리고 싶어 하니 아버지가 그 마음을 알아채고 천부인(天符印) 세 개를 주며 허락했다. 이에 환웅이 무리 3천을 이끌고 태백산(太白山) 꼭대기의 신단수(神檀樹) 아래로 내려와 신시(神市)를 세웠다. 환웅천왕(桓雄天王)은 풍백(風伯)·우사(雨師)·운사(雲師)를 거느리고 곡식·생명·질병·형벌·선악 등 인간의 360여 가지 일을 주관하며 사람들을 교화시켰다. 그 무렵 곰 한 마리와 범 한 마리가 같은 동굴에서 살았는데 항상 신웅(神雄)에게 사람이 되게 해달라고 빌었다. 그래서 신웅이 신령스러운 쑥 한 심지와 마늘 20매를 주며 백 일 동안 해를 보지 않으면 사람이 될 수 있을 것이라고 했다. 곰과 범이 받아먹었는데 곰은 삼칠일(三七日)을 잘 지내 여자가 될 수 있었으나 범은 참지 못해 사람이 되지 못했다. 웅녀(熊女)는 혼인할 사람이 없자 매번 신단수 아래에서 임신하게 해달라고 빌었다. 이에 환웅이 사람으로 변해 혼인하여 아들을 낳게 했고 단군왕검이라 했다. 단군왕검은 중국 요임금 즉위 50년에 평양성(平壤城)에 도읍하고 비로소 조선이라 칭했으며, 나중에 아사달로 도읍을 옮겼다. 나라를 다스린 지 1,500년이 지났을 때 주(周)의 무왕(武王)이 기자(箕子)를 조선에 봉하니, 단군은 장당경(藏唐京)으로 옮겼다가 나중에 돌아와 아사달의 신선이 되었다. 1,908세까지 살았다"고 했다.

## ▣ 단군신화의 형성시기

『삼국유사』에서 언급한『위서』와『고기』란 사료는 그 이름만 전할 뿐 실존하지 않아 과연 어떤 책인지 알 수 없다.『위서』에서의 위는 진한(秦漢) 이후의 위나라를 가리키는데, 이에는 중국의 삼국의 하나인 조위(曹魏)와 남북조시대의 탁발씨(拓跋氏)의 후위(後魏)가 있다. 중국 삼국시대의 위나라에 관하여는 어환(魚豢)의『위략(魏略)』, 왕침(王沈)의『위서(魏書)』와 진수(陳壽)의『삼국지(三國志)』가 있으나『위서』는 물론『위략』에도 단군과 관련한 글이 전해지지 않고 있다.

다음 후한의 역사서로는 위수(魏收)의『후위서(後魏書)』외에도 여러 개의『위서』가 있으나 역시 오늘날 전하지 않으며 오직 전해지는 것은 위수의 것인데 여기에도 단군에 관한 내용은 전혀 없다.『고기』 역시 고려시대까지 전해지던 옛 기록물로 보이는데 현재 전해지지 않고 있다. 그렇기 때문에 단군신화를 몽고(蒙古)와의 전쟁 기간에 민족의식을 고양하기 위해 만든 이야기로 보는 시각도 있다. 환인과 같은 불교식 명칭이 차용된 것이라든지 단군이 중국 최초의 전설적인 왕들인 삼황오제(三皇五帝)의 하나인 요임금과 같은 시기에 즉위했다고 하여 역사의 유구함을 드러내고자 한 것이 바로 그 증거라는 지적이다.

물론 환인이란 용어는 인도의 천신인 '사크로데벤드라(Sakrodevendrah)'를 한자로 옮긴 '석제환인타라(釋提桓因陀羅)'에서 따온 것이며 '천제' 혹은 '태양신'을 불교식으로 바꾼 칭호로 보고 있다. 신화는 원래 구전되어 오던 것을 나중에 채록한 것이므로 채록할 당시의 국교인 불교의 영향이 반영된 것이라고 하겠다. 신화의 이런 속성을 보여주는 대표적인 사례로는 일연과 동시기의 인물인 이승휴의『제왕운기(帝王韻紀)』에 실린 단군신화를 들 수 있다. 1287년에 편찬된 이 책에는 단군신화가 유교식으로 소개되어 있는데 上帝 환인의 서자 단웅(檀雄)이 귀신 3천을 이끌고 신단수 아래로 내려온 뒤 손녀에게 약을 먹여 사람으로 만든 다음 단수신(檀樹神)과 혼인시켜 단군왕검을 낳게 했다는 것이다.

그런데 단군왕검에서 단군은 무당을 부르는 '당굴'로서 몽고어의 'Tengri'와 공통된 말이며 삼한(三韓) 여러 나라에서 신성한 지역인 소도(蘇塗)의 제사장인 '천군(天君)'과 동일한 의미의 말이다. 그리고 천부인은 거울(銅鏡)과 방울(銅鈴), 칼(銅劍) 등을 말하는데 주로 제사장이 매우 귀중하게 여기는 일종의 신물(神物)이며 왕검은 권위와 권력을 표시하는 존칭·존호로 해석된다. 신단수는 수목숭배사상을 나타낸 것으로 마한에서 천신에게 제사를 지낼 때 큰 나무를 세워 방울과 북을 매달았다는 점과 상통하며 나무를 신성시하는 사상이 오늘날에 전해져 현재에도 마을 어귀에 세워진 신목(神木) 등을 볼 수 있다.

곰과 범은 각각 곰과 범을 숭배하는 집단을 상징적으로 나타낸 것이며 환웅 역시 천신족을 자처하는 집단의 상징일 수 있다. 물론 곰에 대한 숭배는 동북아시아 일대에 광범위하게 퍼진 의식으로서 곰을 숭배하던 의식이 반영된 것이라고 볼 수 있다. 환웅이 거느린 풍백·우사·운사는 기후를 주관하는 신이다. 특히 비와 관련된 신들로서 해와 함께 농사에 반드시 필요한 요소다. 쑥과 마늘 및 인간의 360여 가지 일을 주관했다면서 곡식을 가장 먼저 열거한 것도 농경문화의 잔영이다. 그리고 백 일 동안 해를 보지 말라고 한 것은 갓난아이에 대한 어른들의 금기와 우려를 나타낸 것이며, 단군의 자손은 곧 하늘의 자손이라는 선민의식은 청동기시대 이래의 계급의식이 작용한 결과로서 단군신화가 신석기시대 이래의 많은 경험을 반영한 것이라 하겠다.

단군왕검이 건국한 조선의 지리적 위치는 대능하(大凌河)를 중심으로 한 중국의 요녕(遼寧)지역으로 청동기시대에 국가를 형성하였으나 기원전 4～3세기경에 화북지방의 철기문화가 이 지방에 침투하여 철제무기를 가진 연(燕)의 침략에 의해 현재의 평양으로 도읍하였던 것이다. '평양'이란 말은 우리말 '펴들내'로 어느 특정한 지명이 아니라 보통명사로서 넓은 평야란 뜻이 담겨 있다. 따라서 펴들내는 대능하유역의 '넓은 평야'를 지칭한 것이며 조선이 최후로 도읍한 대동강유역의 넓은 평야도 펴들내라고 하겠는데 평양의 별칭을 버들의 의미가 들어간 '유경(柳京)'으로 부르는 이유도 바로 '펴들'에서 '버들'이 연상된 것에서 나왔기 때문이다. 그리고 나중에 도읍을 옮긴 아사달의 '아사'는 '아침'의 옛 말이며, '달'은 산이다. 조선도 아사달의 미화된 한문번역일 것이다.

결국 단군신화는 알타이족의 태양숭배신앙과 수목숭배신앙 및 고아시아족의 토테미즘이 결합된 신화로서 농사가 본격적으로 시작되는 신석기시대부터 청동기시대에 이르기까지 고조선이 형성되고 성장하는 과정을 보여주는 건국신화다. 고조선은 농경문화를 기반으로 한 사회였으며 제정일치(祭政一致)의 사회였다. 단군은 무당 혹은 제사장을 의미하며 왕검은 정치적 지배자를 의미한다. 따라서 단군왕검은 제사와 정치가 따로 분리되지 않았던 시기의 지배자라고 말할 수 있다.

② 부여(夫餘·扶餘)의 동명(東明)신화

부여를 건국한 인물은 동명으로 알려져 있다. 이에 대해 중국 남북조시대(5～6C) 송나라 사람 범엽(范曄)이 편찬한 『후한서(後漢書)』 「부

여국조」에는 다음과 같은 내용이 실려 있다. 즉,

### ▣ 동명신화의 내용

옛날 북쪽 색리국(索離國)의 국왕이 출장을 나가 있었는데 시녀가 임신을 했다. 왕이 돌아와 그 시녀를 죽이려 하니 시녀가 말하기를, "전에 하늘에서 이상한 기운이 일더니 계란 크기만 한 것이 저에게 내려온 적이 있는데, 그 뒤로 임신을 하게 된 것입니다"라고 했다. 왕이 시녀를 죽이지 않고 가두어두매 나중에 사내아이를 낳았다. 왕이 아이를 돼지우리에 버려두게 했으나 돼지들이 입김을 불며 보호해 죽지 않았으며 마구간에 버리자 말들 역시 그러했다. 왕이 기이하게 여겨 어미가 기를 것을 허락하고 아이의 이름을 동명이라 했다. 동명은 커서 활을 잘 쏘았다. 왕은 그가 용맹해지는 것을 염려해 죽이려 했는데 동명이 달아났다. 동명이 남쪽으로 가다가 엄사수(掩㴲水)에 이르러 활로 물을 치니 물고기와 자라가 모두 모여 동명을 건네주었다. 마침내 부여에 와서 왕 노릇을 했다.

위의 건국신화에서 하늘의 이상한 기운이란 해 혹은 햇빛과 관련된 것이다. 대체로 몽고와 만주지역에 널리 퍼져 있는 신화들 중에는 햇빛에 감응되어 임신·출산했다는 내용이 많다. 모두 주인공의 신성함을 드러내고자 한 표현이다. 동명이 물고기의 도움을 받아 건넜다는 엄사수는 지금의 만주 북쪽일대에 위치한 송화강(松花江)이다. 따라서 동명은 송화강의 북쪽에 살던 인물로 볼 수 있다. 동명의 남하는 동명 집단 혹은 동명의 후예를 자처하는 집단의 남하로 볼 수 있다. 색리국의 왕이 동명을 죽이려 하자 그가 남하했다는 것은 그가 태어나 자란 나라의 집권세력에 의해 쫓겨나 새로운 곳을 찾아 남하했다는 것을 의미한다.

### ③ 고구려의 주몽(朱蒙 · 鄒牟)신화

고구려를 건국한 인물은 주몽 또는 추모다. 그의 시호가 부여의 동명왕과 같이 동명성왕(東明聖王)이다. 시호란 왕처럼 높은 지위의 사람이 죽었을 때 나라 사람들이 고인의 행적을 기려 새로이 붙여주는 이름이다. 동명성왕은 바로 부여의 건국자와 마찬가지로 주몽의 신성성과 출자를 부각시키려는 의도에서 붙여진 칭호라고 하겠다. 『삼국사기』에 실린 고구려의 건국신화는 다음과 같다.

### ■ 고구려 주몽신화의 내용

부여의 왕 해부루(解夫婁)는 늙어서 아들이 없으므로 아들을 낳게 해달라고 산천에 제사지냈는데 왕이 탄 말이 연못에 이르렀을 때 큰 돌을 보더니 마주서서 눈물을 흘렸다. 왕이 괴이하게 여겨 돌을 치우게 하자 금색의 개구리 같이 생긴 한 아이가 있었다. 왕이 기뻐하며 "하늘이 나에게 준 자식이다" 하고는 데려다 길렀다. 이름을 금와(金蛙)라 하고 장성하자 태자로 삼았다. 나중에 재상인 아난불(阿蘭弗)이 부여왕 해부루에게 어제 하느님이 내려와 "장차 내 자손으로 하여금 이곳에 나라를 세우도록 할 것이니 피하라고 하면서 동쪽 바다 근처에 가섭원이라는 곳이 있는데 오곡이 잘 자라나 도읍할 만할 것"이라고 말하였다고 하면서 마침내 왕에게 권해 그곳으로 도읍을 옮기고 나라 이름을 동부여라고 했다. 옛 도읍지에는 어디에서 왔는지 모르나 자기를 천제의 아들이라 한 해모수(解慕漱)가 와서 도읍했다. 해부루가 죽자 금와가 왕위를 이었다. 이때 태백산 남쪽 우발수(優渤水)에서 여자를 데려와 물으니 여자가 대답하기를, "나는 하백(河伯)의 딸로서 이름은 유화(柳花)입니다. 동생들과 나와 노는데 어떤 남자가 자기를 천제의 아들 해모수라고 하면서 나를 웅심산(熊心山) 아래 압록수가의 집안으로 유혹해 정을 통하고는 가버렸습니다. 부모는 내가 중매도 없이 남을 좇아갔다고 꾸짖고는 우발수로 좇아냈습니다"라고 하였다. 금와가 이상히 여겨 방 안에 가두어놓았는데 햇볕이 비추므로 몸을 피했으나 햇볕이 따라다니며 비추더니, 임신을 해 다섯 되 크기의 알 하나를 낳았다. 왕이 알을 버려 개·돼지에게 주었으나 모두 먹지 않았고 길 가운데에 버렸으나 소와 말이 피했다. 나중에 들에 버리니 새가 날개로 덮어주었다. 왕이 쪼개려 했지만 깨뜨리지 못하고 마침내 어미에게 돌려주었다. 어미가 물건으로 싸서 따뜻한 곳에 두니 사내아이 하나가 껍질을 깨고 나왔는데 골격과 외모가 빼어나고 기이했다. 나이가 겨우 7살이었을 때 남달리 뛰어나 스스로 활과 화살을 만들어 쏘매 백발백중이었다. 부여의 속어에 활을 잘 쏘는 것을 주몽이라고 했으므로 이름을 그렇게 불렀다. 금와에게 일곱 아들이 있어서 항상 주몽과 함께 놀았는데 그 기예와 능력이 모두 주몽에게 미치지 못했다. 맏아들 대소(帶素)가 왕에게 말하기를, "주몽은 사람이 낳은 자가 아니어서 그 사람됨이 용감하니 만약 일찌감치 도모하지 않으면 후환이 있을까 두렵습니다. 청컨대 없애버리십시오"라고 했다. (생략) 왕자와 신하들이 주몽을 죽이고자 모의하니 주몽의 어머니가 눈치 채고 말하기를, "나라 사람들이 너를 해치려 한다. 너의 재주와 지략으로 어디로 간들 안 되겠느냐? 머뭇거리다가 욕을 당하느니 멀리 가서 사는 것이 낫다"고 했다. 이에 주몽은 오이(烏伊)·마리(摩離)·협보(陜父) 등 3명과 함께 가다가 엄사수에 이르러 건너려

했으나 다리가 없었다. 추격병에 잡힐까 염려해 물에 고하기를, "나는 천제의 아들이요 하백의 외손자인데 추격병들이 쫓아오니 어찌하면 좋겠는가?"라고 했다. 이에 물고기와 자라가 떠서 다리를 만들어 주몽이 건넌 뒤 흩어져서 추격병이 건널 수 없었다. (생략) 마침내 주몽은 졸본천(卒本川)에 이르렀다. 그 땅이 기름지고 아름다우며 산하가 험하고 견고한 것을 보고는 마침내 도읍하고자 했으나 궁실을 지을 겨를이 없어 단지 비류수(沸流水)가에 초막을 짓고 살았다. 국호를 고구려라 하고 그로써 고를 성으로 삼으니 주몽의 나이는 22세였으며 한 효원제 건소 2년이요 신라 시조 혁거세 21년 갑신년이었다.

여기에서 주목되는 사실은 기원전 37년 부여출신 주몽에 의한 고구려의 건국 과정이 부여의 건국신화인 동명신화와 흡사하다는 것이다. 이는 고구려가 부여와 같은 문화적 배경 속에서 탄생되었음을 알려주는 부분이며 이에 따라 고구려의 건국주도세력이 부여에서 갈라져 나온 집단이라는 사실을 이해할 수 있다. 주몽이 졸본 지역에 도읍을 정하고 비류수 근처에서 살았다는 점에서 고구려의 초기 건국 지역은 지금의 오녀산성(五女山城)이 있는 중국 요녕성 환인지방이라 하겠다.

④ 백제의 온조(溫祚) · 비류(沸流)설화

백제의 시조설화로는 온조와 비류의 건국설화가 있다. 그런데 백제의 건국과정을 기술한 『삼국사기』에는 신화에서 흔히 볼 수 있는 성스럽고 신이한 표현이 거의 없고 매우 사실적이고 현실적인 내용으로 채워져 있다. 이를 소개하면 다음과 같다.

## ▣ 온조설화의 내용

백제 시조 온조왕(溫祚王)의 아버지는 추모(鄒牟)로서 주몽(朱蒙)이라고도 하는데 북부여로부터 난을 피해 졸본부여(卒本夫餘)에 이르렀다. 졸본부여의 왕에게는 아들이 없고 단지 딸만 셋이 있었다. 왕이 주몽을 보더니 보통 사람이 아님을 알고 둘째 딸을 시집보내었다. 얼마 지나지 않아 졸본부여의 왕이 죽자 주몽이 왕위를 잇고 두 아들을 낳았다. 맏아들을 비류라 하고 둘째 아들을 온조라고 했다. 주몽이 북부여에 있을 때 낳은 아들이 와서 태자가 되매, 비류와 온조는 태자에게 용납되지 못할까 두려워하다가 마침내 오간(烏干)·마려(馬黎) 등 10명의 신하와 함께 남쪽으로 가니 백성 가운데 따르는 자가 많았다. 드디어 한산(漢山)에 이르러 부아악(負兒嶽)에 올라 살 만한 땅을 바라보았는데 비류는 바닷가에서 살고 싶어 했다. 10명의 신하가 간언하기를, "생각건대 이곳 하남(河南)의 땅은 북쪽으로 한수(漢水)를 끼고 동쪽으로 높은 산악에 의지하며 남쪽으로 기름진 들을 바라보고 서쪽으로 큰 바다에 막혀 있으니 그 천혜의 험준함과 땅의 이로움은 좀처럼 얻기 어려운 지세입니다. 이곳에 도읍을 만드는 것이 좋겠습니다"고 했다. 비류는 신하들의 간언을 듣지 않고 그 백성을 나누어 미추홀(彌鄒忽)로 가서 살았다. 온조는 하남위례성(河南慰禮城)에 도읍했다. 10명의 신하로 하여금 돕게 하고 나라 이름을 십제(十濟)라고 하니 이때가 전한(前漢) 성제(成帝)의 홍가(鴻嘉) 3년이다. 비류는 미추홀의 땅이 습하고 물이 짜서 편히 살 수 없었는데 위례성으로 돌아와 보니 도읍이 안정되고 그 신하와 백성들이 편안했다. 마침내 비류가 부끄러워하고 후회하다 죽으니 그 신하와 백성이 모두 위례성으로 돌아왔다. 백성들이 올 때 즐거이 따라왔다 하여 나중에 국호를 백제

(百濟)로 바꾸었다. 그 세계(世系)가 고구려와 마찬가지로 부여에서 나왔으므로 부여(扶餘)를 성씨로 삼았다.

위 설화에 의하면, 백제의 건국시조 온조는 비류와 함께 북부여에서 남하한 주몽의 아들로서 역시 부여계 출신이다. 이는 오늘날 남아 있는 백제의 유적을 통해서도 입증되는데, 지금의 서울 송파구 석촌동 일대에는 토광묘와 함께 대규모의 적석총(積石塚) 유적이 발견된 바 있다. 이 지역 토광묘는 송화강 유역에 위치한 부여의 토광묘와 축조방식이 같으며 적석총 역시 고구려의 특징적인 무덤양식으로 알려져 있다.

그런데 위 설화에는 주몽이 북부여 출신이라고 했을 뿐 고구려의 건국자라고 하지 않았으며 그를 계승한 백제왕의 성이 부여씨라고 하였다. 이처럼 백제에서는 고구려와 마찬가지로 부여에서 나왔다는 부여계승의식을 가지고 있었고 백제의 온조왕은 건국하자마자 동명왕묘(東明王廟)부터 세웠던 것이다. 여기에서 묘는 위폐를 모셔두고 제사 지내는 곳을 말하는데 여기의 동명왕이 부여의 건국자인지 아니면 고구려의 주몽을 지칭한 것인지 명확하지는 않다. 다만 온조왕이 주몽의 아들을 자처했다는 점으로 볼 때 아마도 주몽이었을 것으로 보고 있다.

또한 위 설화에 의하면 온조는 나라 이름을 '십제'라 했고 나중에 비류가 죽고 미추홀의 주민들이 위례성으로 이주할 때 즐겁게 왔으므로 국호를 백제로 고쳤다고 한다. 그런데 중국측 사서인『수서(隋書)』「백제전」에는 처음에 백여 호가 바다를 건너 남하해 나라를 세웠기 때문에 백제라고 했다는 기술도 보인다. 그러나 3세기 후반에 편찬된 중국 측 사서인『삼국지』「한전」에는 마한 54개국 가운데 '백제국(伯濟國)'이라는 국호가 열거되어 있으며 이 나라가 지금의 한강

유역에 위치한 후의 '백제(百濟)'와 일치한다는 점에서 처음에는 십제 또는 伯濟 등으로 불리다가 나중에 百濟라는 국명으로 통일하는 과정에서 중국사서의 기사와 같은 내용이 나온 것으로 보인다.

백제에는 온조설화 외에 비류설화가 있는데 그 내용은 다음과 같다.

### ■ 비류설화의 내용

백제의 시조는 비류왕(沸流王)으로서 그의 아버지인 우태(優台)는 북부여왕 해부루의 서손(庶孫)이며 어머니인 소서노(召西奴)는 졸본사람 연타발(延陀勃)의 딸이다. 소서노가 처음에 우태에게 시집가서 두 아들을 낳으니 맏아들이 비류이고 둘째 아들이 온조다. 우태가 죽자 소서노는 과부가 되어 졸본에서 살았다. 나중에 주몽이 부여에서 용납되지 않자 전한 건소 2년 봄 2월에 남쪽으로 도망해 졸본에 이르러 도읍을 세우고 고구려라고 불렀다. 주몽이 소서노에게 장가들어 왕비로 삼았는데 소서노가 국가의 기틀을 열고 다지는 데에 자못 내조가 컸으므로 주몽이 소서노를 두텁게 총애하고 비류 등을 자기 아들처럼 대했다. 주몽이 부여에 있을 때 예씨(禮氏)에게서 낳은 아들인 유류(孺留)가 오자 그를 세워 태자로 삼고 왕위를 잇게 했다. 이에 비류가 아우인 온조에게 이르기를, "처음에 대왕께서 부여의 난을 피해 이곳으로 도망 왔을 때 우리 어머니가 집안의 재산을 기울여가며 도와 방업(邦業)을 이루니 그 노고가 많았다. 그런데 대왕께서 돌아가시자 국가가 유류의 소유로 되었으니 우리가 이곳에서는 한낱 혹과 같아서 답답할 뿐이다. 어머니를 모시고 남쪽으로 가서 땅을 택해 따로 국도(國都)를 세우는 것만 같지 못하다"고 했다. 드디어 아우와 함께 무리를 이끌고 패수(浿水)와 대수(帶水)를 건너 미추홀에 이르러 살았다.

비류설화에서는 비류와 온조가 함께 나라를 세운 것으로 되어 있다. 그리고 미추홀이 수도로 등장한다. 이러한 차이점은 온조설화와 비류설화가 각각 다른 경로로 전승되어 왔음을 시사하는 것이다. 즉, 온조설화는 하남위례성 지역에서, 비류설화는 미추홀 지역에서 각각 전승되어온 설화인 것이다. 여기에서 하남위례성과 미추홀의 정확한 위치는 전해지지 않지만 하남위례성의 위치는 지금의 서울 송파구 일대, 특히 풍납토성과 몽촌토성을 포함하는 지역으로, 미추홀은 현재의 인천지역으로 이해되고 있다.

전체적으로 볼 때 온조와 비류설화는 부여에서 고구려 방면으로의 주민이동과 부여·고구려 방면에서 한강유역으로의 주민이동이 여러 차례에 걸쳐 이루어졌다는 사실, 그리고 한강 유역에 여러 집단이 공존하다가 하나의 정치체제 속으로 통합된 역사적 사실이 백제의 건국설화에 반영되었다고 정리할 수 있다.

⑤ 신라의 박혁거세 · 석탈해 · 김알지신화

■ 혁거세신화의 내용

신라 최초로 왕위에 오른 인물은 혁거세다. 그에 관한 신화는 『삼국사기』와 『삼국유사』에서 찾아볼 수 있는데 이를 정리하면 다음과 같다.

옛날 산골짜기에 고조선의 유민이 내려와 여섯 개의 촌을 이루며 살고 있었다. 알천(閼川) 양산촌(楊山村), 돌산(突山) 고허촌(高墟村), 자산(觜山) 진지촌(珍支村), 무산(茂山) 대수촌(大樹村), 금산(金山) 가리촌(加利村), 명활산(明活山) 고야촌(高耶村) 등이 그것이다. 6촌에는 촌장이 있었으나 이들을 통합해 다스리는 왕이 없어 사람들이 걱정을 했는데 마침 양산 아래 나정(蘿井) 부근에서 흰 말이 무릎을 꿇고 울고 있기에 가서 보니 말은 하늘로 올라가버리고 붉은 빛의 큰 알 하나만 남아 있었다. 이에 알을 쪼개니 사내아이가 나왔으므로 고허촌장 소벌도리(蘇伐都利)가 거두어 길렀다. 아이가 나온 알이 마치 박(瓠) 크기만 하다고 해서 박(朴)을 성으로 삼고 아이를 목욕시키고 나니 몸에서 광채가 나고 새와 짐승이 춤을 추며 하늘과 땅이 진동하고 해와 달이 청명해졌으므로 이름을 혁거세(赫居世)라고 했다. 혹은 불구내(弗矩內)라고도 하는데 광명으로 세상을 다스린다는 뜻이다. 위호(位號)는 거서간(居西干)이라 했다. 한편 사량리(沙梁里)의 알영정(閼英井)에서는 계룡(鷄龍)이 나와 왼쪽 겨드랑이로 여자아이를 낳았는데 입이 닭의 부리 같았다. 물에 아이를 씻기니 부리가 떨어져나가고 수려한 용모가 드러났다. 우물의 이름을 따라서 알영이라 했다. 사람들이 두 아이를 잘 기른 뒤 13세가 되던 해에 혼인시키고 왕과 왕비로 맞이했으며(기원전 57) 두 사람을 이성(二聖)이라 일컬었다.

위의 신화에 의하면 신라는 초기에는 선주민인 다수의 고조선주민들에 의해 구성된 여러 개의 부족집단을 기반으로 형성된 작은 나라였다. 말하자면 건국 초기의 신라는 일종의 연맹 혹은 연합적 성격을 띠는 정치체라고 하겠다. 아울러 혁거세가 알에서 태어났으며 그가 태어난 알이 붉은 색이었다는 것은 타오르는 불, 나아가 태양을 상징하며 일종의 태양숭배사상을 말한다. 그리고 혁거세의 왕호인 '거서간(居西干)'이란 정치적 지위가 높은 사람을 의미하는 옛말로서 결국 '혁거세 거서간'이란 밝은 임금(明王·聖王)을 뜻한다. 또한 혁거세의 아내 알영에 대한 부분도 주목되는데 신라에서 왕후에 대한 신화를 따로 만들고 왕과 함께 성인으로 칭송한 예는 매우 특이한 경우다.

위 신화에서는 신라의 건국시기를 기원전 57년으로 기술하고 있다. 이에 대해 신라의 국가 위상을 높이기 위해 조작한 것이라고 주장하는 견해도 있으나 신라라는 국호를 사용하기 전 이미 지금의 경상도 지역에는 삼한의 일원으로서 진한(辰韓) 12국이 존재하고 있었으며 그 가운데 사로국(斯盧國)이 경주지역에 자리하였고 이는 최근에 이루어진 활발한 고고학적 발굴을 통해서도 증명되었는데 경주 조양동 고분군 등에서는 기원전 2~1세기경의 정치체가 존재한 것으로 보이는 유적들이 조사된 바 있다. 따라서 사로국으로서의 신라의 건국시기를 기원전 1세기로 보는 데에는 큰 문제가 없다.

### ■ 탈해신화의 내용

탈해는 신라 초기인 진한의 사로국 시절 제4대 임금으로 등극한 인물이다. 그런데 그에 관한 흥미로운 기사가 『삼국사기』와 『삼국유사』「탈해왕조」에 실려 있는데 이를 소개하면 다음과 같다.

왜국에서 동북쪽으로 1천여 리 떨어진 곳에 위치한 다파나국(多婆那國)의 왕이 여왕국의 왕녀에게 장가들어 임신 7년 만에 큰 알을 낳았다. 왕은 사람이 알을 낳는 것은 상서로운 일이 아니라고 하면서 알을 버리게 했으나 왕비는 차마 그러지 못하고 각종 보물과 함께 알을 독 속에 넣은 후 배에 태워 바다로 떠나보냈다. 배는 물길을 따라 처음 금관국(金官國)의 해변에 도착했으나 사람들이 이상히 여겨 받아들이지 않으므로 다시 길을 떠나 진한의 아진포(阿珍浦)에 도착했다. 어느 날 해변에 살던 노파가 하늘에 까치가 모여 울고 있는 것을 이상히 여겨 가보니 배에 궤짝이 있고 그 속에는 단정한 사내아이가 있었다. 노파가 아이를 거두어 이름을 탈해라 하고 까치 작(鵲) 자에서 조(鳥)를 빼낸 석(昔)으로 성을 삼았다. 탈해는 성장하여 키가 9척이나 되었으며 학문에 힘써 지리까지 통달했다. 그러던 어느 날 탈해가 토함산(吐含山)에 올라 경주지역을 내려다보니 양산 아래에 호공(瓠公)의 집이 길지임을 알아채고 내려가서는 그 집이 자기의 집이라고 하였다. 시비가 일자 관가에서 재판하게 되었는데 탈해는 미리 그 집 땅에 숯을 묻어놓은 뒤 '그 집은 대장장이였던 우리 선조의 집이다'라고 주장했다. 이에 사람들이 호공의 집 한쪽을 파보니 과연 숯이 나오는지라 탈해의 말을 인정했다. 호공의 집이 있던 곳은 나중에 월성(月城)이 되었다.

위 신화에 의하면 탈해는 왜의 동북쪽 1천리에 위치한 **다파나국**에서 태어났다고 한다. 그런데 탈해의 고향인 다파나국은 **용성국(龍城國)** 또는 **완하국(琓夏國)**, **정명국(正明國)**이라고도 한다. 『삼국유사』에서는 『삼국사기』보다 불교적 윤색이 짙게 기술되어 있다. 물론 양사서 모두 탈해가 알에서 태어났다는 사실을 전하고 있다. 이는 그 이전부터 신라에서 전승되어 오던 탈해의 난생설화를 그대로 기록한 것이지만 『삼국유사』의 경우에는 탈해의 전승설화 위에 불교적 윤색을 더한 특징이 있다. 또한 위 신화에서는 탈해가 출생한 나라의 위치를 '**왜국 동북쪽 1천 리**'에 있었다고 전한다. 일부에서는 막연히 북방에서 내려온 고구려계 또는 선진적인 철기문화를 가진 북방계 이주민으로 보기도 하며 왜를 일본열도 전체로 이해하고 왜의 동북쪽을 러시아 캄차카반도로 해석하기도 한다. 그러나 탈해가 출생지역에서 배를 타고 가장 먼저 김해의 가락국을 경유하고 난 후 진한 아진포에 이르렀다는 사실은 이들이 해류를 타고 북쪽으로 바다를 향해하여 한반도 남주지역에 이르렀던 것이 되기 때문에 해상교통로상 그 남쪽에 있는 일본의 쓰시마(對馬島)를 비롯한 규슈(九州)나 혼슈(本州) 등지에서 출발했을 가능성이 있다. 이러한 해로는 오래전부터 낙랑이나 대방군에서 왜국으로 향할 때의 경로로도 사용되었다. 만일 탈해의 출생지가 한반도와 가까운 동해 가운데에 있었다면 굳이 왜국을 기점으로 그 나라의 위치를 설정하진 않았을 것이다. 이는 탈해의 출생지가 한반도보다는 일본열도가 좀 더 가깝거나 적어도 일본열도에 소재했다는 것을 의미한다. 신라의 건국초기인 기원전 1세기경에는 한반도와 일본열도에서 소국들의 건국과 소멸과정이 활발하였고 이에 따라 인적이동도 규모나 시기에 상관없이 빈번하게 이루어지고 있었다.

그런데 탈해는 비록 당시 외부에서 들어온 도래인이었지만 토착인들과 큰 마찰 없이 정착할 수 있었다. 그러한 배경에는 그가 진·변한인과 언어 및 의복 등에서 별 차이가 없었거나 왜의 문화에 대한 거부감 내지 배타성이 없었기 때문에 가능한 일이었을 것이다. 또한 탈해는 경주지역에 거주하기 위한 계책의 하나로 호공의 집에 미리 몰래 숫돌과 숯을 숨기고 자신이 대장장이 집안이라고 하며 호공의 집을 빼앗을 수 있었다. 이러한 사실은 탈해의 가계가 본래 한반도 남부지역에 거주했다가 어느 시기에 왜의 지역으로 이주하여 제철과 같은 선진기술을 앞세워 그곳에서 지배층을 형성하여 살다가 탈해 집안이 정권쟁탈과정에 휩싸여 국내정세가 불안정해지자 탈해가 자신의 무리를 이끌고 왜를 탈출하여 인연 있던 경주지역으로 들어왔을 가능성이 있다.

## ▣ 알지신화의 내용

김알지는 경주 김씨는 물론 신라의 국조로까지 추앙되는 인물로 탈해니사금 9년에 탄생했다고 한다. 『삼국사기』에 실린 알지신화의 내용을 그대로 소개하면 다음과 같다.

탈해니사금 9년 봄 3월이었다. 왕이 밤에 금성 서쪽의 시림(始林)에서 닭 우는 소리를 듣고 날이 새기를 기다린 다음 호공을 보내 살펴보게 했더니 나뭇가지에 금빛 나는 조그만 궤짝이 걸려 있고 흰 닭이 그 아래에서 울고 있었다. 호공이 돌아와 아뢰자, 왕이 사람을 시켜 궤짝을 가져와 열게 했더니, 그 속에는 조그만 사내아이가 있었는데 자태와 용모가 기이하고 컸다. 왕이 기뻐하며 주위를 둘러보며 "이는 어찌 하늘이 나에게 보낸 아들이 아니겠는가?"라고 말하고 거두어 길렀다. 성장하자 총명하고 지략이 많으므로 이름을 알지라고 하고 금빛 궤짝에서 나왔다 하여 금(金)을 성으로 삼았다. 시림이라는 명칭을 바꾸어 계림(鷄林)이라 하고 그것을 국호로 삼았다.

여기에서 탈해의 왕호인 '니사금(尼師今)'은 '닛금'·'잇금'으로서 '니질금(尼叱今)', '치질금(齒叱今)', '매금(寐錦)'이라고도 하는데 모두 '치아 개수가 많은 임금'이란 의미가 담겨 있으며 신라에서는 초창기에 치아의 개수가 많은 사람이 덕이 많다고 보았던 것이다. 그런데 김알지가 태어난 곳은 시림 혹은 계림이다. 계림은 신라의 별칭으로 사용되기도 했는데 이외에도 서벌(徐伐)·서나벌(徐那伐)·서야벌(徐耶伐)·서라벌(徐羅伐)·사로(斯盧)·사라(斯羅)·시라(尸羅)·계귀(鷄貴)·추림(錐林)·신로(新盧)·구구타예설라(矩矩吒䃜說羅)·설라(薛羅)·지라기(志羅紀)·신량(新良) 등으로 쓰였다. 『삼국사기』에 따르면 신라를 국호로 사용한 것은 지증왕 4년(503)의 일이라고 한다. 경주 김씨의 시조인 알지에 대한 기록은 신라 흥덕왕릉비문에도 보이는데 '태조성한 (太祖星漢)'으로 표현하고 있다. 태조란 국가를 창업하거나 큰 기틀을 마련한 왕을 뜻하며 성한은 바로 김알지를 뜻한다고 볼 수 있다.

## ⑥ 가야(加耶 · 伽倻 · 伽耶 · 伽羅 · 駕洛)의 수로왕신화

수로왕은 김해 김씨와 가야국의 시조로 알려져 있다.『삼국사기』에는 통합된 중앙집권적 국가를 이룬 고구려나 백제, 신라와 달리 멸망할 때까지 여러 개의 소국으로 나뉘어 있던 가야의 역사에 대한 기사가 실려 있지 않다. 다만 그에 관한 내용은『삼국유사』의「가락국기(駕洛國記)」에서 찾아볼 수 있다. 여기에서 김수로왕과 관련한 신화를 소개하면 다음과 같다.

### ▣ 수로왕신화의 내용

천지가 개벽한 뒤에 이 땅에는 아직 나라 이름이 없었고 임금과 신하의 칭호도 없었다. 그때를 지나서 아도간(我刀干) · 여도간(汝刀干) · 피도간(彼刀干) · 오도간(五刀干) · 유수간(留水干 · 留天干) · 신천간(神天干) · 오천간(五天干) · 신귀간(神鬼干) 등 9간이라는 것이 있었고 이들 족장이 백성을 거느렸는데 무릇 1백 호에 7만 5천 명이었다. 많은 사람들이 스스로 산야에 도읍을 정하고 우물을 파서 물을 마시고 밭을 갈아 곡식을 먹었다. 마침 후한의 세조 광무제 건무 18년 임인년(42) 3월 계욕일(禊浴日)에 사는 곳의 북쪽 구지(龜旨)에서 무엇이 수상한 소리로 부르는 기척이 있었다. 무리 2, 3백 인이 이곳에 모이고 사람의 소리 같은 것이 있었는데 그 모습은 숨기고 소리만 내어 이르기를, "여기에 누가 있느냐?"고 하니, 구간들이 말하기를, "우리들이 있습니다"고 하니, 대답하기를, "구지입니다"라고 하였다. 또 말하기를, "하늘이 나에게 명하기를, '이곳에 가서 새로이 나라를 세우고 임금이 되라'고 하였기 때문에 내려왔다. 너희들은 곧 산 정상의 흙을 파면서 노래를 부르기를, '거북아 거북아, 머리를 내놓아라. 만약 내놓지 않으면 구워 먹겠다' 하며 발을 굴러 춤을 추어라. 그러면 대왕을 맞이하게 되어 즐거워하면서 팔짝 팔짝 뛰게 될 것이다"라고 하였다. 구간들은 그 말대로 모두 기쁘게 노래하고 춤을 추었다. 얼마 후 우러러 바라보니 단지 자주색 줄만이 하늘에서 드리워져 땅에 닿아 있었다. 줄 끝을 찾아보니 붉은 보자기로 싸여 있는 금합이 보였다. 열어보니 황금알 6개가 있었는데 둥글기가 해와 같았다. 무리는 모두 놀라고 기뻐서 함께 몸을 펴서 백 번 절하였다. 조금 있다가 다시 싸서 아도간의 집으로 돌아와 평상 위에 놓고 무리는 각기 흩어졌다. 12일이 지난 그 이튿날 아침에 무리가 다시 모여 금합을 열어보니 여섯 알이 변하여 어린이가 되어 있었는데 용모가 매우 컸다. 곧 평상에 앉으니 무리들이 절하며 치하하고 공경의 예절을 다하였다. 그달 보름날에 왕위에 올랐다. 처음 나타났다고 하여 이름을 수로(首露) 혹은 수릉(首陵)이라고 하였다(수릉은 돌아가신 뒤의 시호이다). 나라는 대가락(大駕洛)이라 부르고 또는 가야국(伽耶國)이라고도 불렀으니 즉 6가야 중의 하나다. 나머지 다섯 사람은 각기 돌아가 5가야의 주인이 되었다. 동북쪽은 황산강(黃山江), 서남쪽은 창해(滄海), 서북쪽은 지리산(地理山), 동북쪽은 가야산(伽耶山)으로써 경계를 삼았고 남쪽이 나라의 끝이 되었다.

이 가락국기는 고려 문종 때 금관(金官) 또는 금주(金州), 즉 김해의 지금주사(知金州事)인 한 문인이 지은 것이다. 여기에서 구간은 가락국 이전의 김해지방의 아홉 명의 수장을 의미한다. 계욕일은 3월 3일로서 신을 맞이하기 전 부정한 몸을 깨끗이 씻는 목욕재계를 말한다. 아울러 위 신화에 보이는 구지가는 김해지방의 청동기문화 시기에 거북으로 관념화한 풍요사상에 철기문화의 소유자인 김수로집단이 서로 결합하여 한 사회를 이루는 노래형식으로 표현한 것이다.

〈사진 1〉 구지봉

〈사진 2〉 수로왕릉과 수로왕비릉

# 참고문헌

김기섭 저, 『주제별로 풀어쓴 한국사 강의록 – 고대편』, 가람기획, 1998.
이기백, 『檀君神話論集』, 새문사, 1990.
E. H. 카 저 · 조달순 옮김, 『역사란 무엇인가』, 세진출판사, 1990.
차하순 저, 『역사의 본질과 인식』, 학연사, 2007.

# 02

## 한국의 선사시대

선사시대는 고고학 편년으로 구석기 · 신석기 · 청동기 · 철기시대
로 구분하는데 우리나라의 경우 청동기시대와 철기시대에는 이미 고
조선이나 삼한과 같은 국가가 탄생하였으며 그런 점에서 우리나라의
선사시대는 구석기시대와 신석기시대가 그 대부분을 차지한다.

## 1) 지구의 역사

시생대(始生代) : 약 40~30억 년 전에 해당하며 미생물이 활동하던
시기를 말한다.

↓

원생대(原生代) : 약 9억 년 전에 해당하며 박테리아 등 각종 단세포
동물이 활동하던 시기를 말한다.

↓

고생대(古生代) : 약 6억~3억 5천만 년 전에 해당하며 해초와 양치

류, 물고기류가 서식하던 시기를 말한다.

↓

중생대(中生代) : 약 2억 년 전에 해당하며 활엽수계의 식물과 파충류, 양서류 등이 번성하던 시기를 말한다.

↓

신생대(新生代) : 약 6천 5백만 년 전에 해당하며 다시 제3기와 제4기로 나뉜다.

제3기 : 고신세(古新世)·중신세(中新世)·소신세(蘇新世)

제4기 : 홍적세(洪績世)·충적세(沖積世)

※ 한반도는 충적세로 접어들 무렵인 1만 2,000년 전에 형성되었다.

## (1) 인류의 출현

최초의 인류는 적어도 450~300만 년 전에 등장했던 것으로 추정되며 신생대 제3기 말쯤에 해당한다. 현재까지 가장 오래된 인류화석은 아프리카 에티오피아의 '오스트랄로피테쿠스(Australopithecus)'며 키는 140cm, 뇌용량은 500cc, 몸무게는 52kg 정도에 직립보행이 가능한데 현생 인류인 '호모이렉투스(Homo erectus)'의 조상으로 알려져 있다.

## (2) 인류의 진화

① **호모 이렉투스(Homo erectus)**: '직립인(直立人)'이란 뜻을 가지며 전기구석기시대인이다. 지금으로부터 약 100만 년 전에 출현하였

고 뇌용량은 대략 700~1,000cc 정도며 키는 162.5cm, 몸무게는 76.5kg
으로 북경원인(北京猿人)과 자바(Jaba)원인 등이 이에 해당한다.

② **호모 사피엔스(Homo sapiens)**: '슬기로운 사람'이란 뜻으로 중
기구석기시대인이다. 홍적세 중기 후반쯤인 지금으로부터 약 35만 년
전에 출현하였고 뇌용량은 1,300-1,400cc, 현생인류와 거의 비슷하며
네안데르탈(Neanderthal)인이 대표적이다.

③ **호모 사피엔스 사피엔스(Homo sapiens sapiens)**: '슬기슬기
사람'이란 뜻으로 후기구석기시대인이다. 지금으로부터 약 4만 년 전
에 출현하였고 현생인류와 동일하다. 뇌용량은 1,500-1,600cc정도로
크로마뇽(Cromagnon)인이 대표적이다.

## 2) 구석기시대(舊石器時代) - 석기의 사용

구석기시대란 용어는 1865년부터 서양에서 사용하기 시작하였다.
인류가 출현하기 시작하여 돌을 깨트리거나 떼어내어 도구를 만들어
사용하던 기원전 1만 년 전 신석기시대가 시작될 때까지의 가장 오래
된 문화단계다.

### (1) 시기구분

고고학적 편년으로 전기·중기·후기구석기시대와 그 이후부터 신
석기시대 이전 시기까지인 중석기(中石器, Mesolithic)시대가 이에 해당
한다. 이러한 구분은 기본적으로 석기제작기술의 변화에 따른 것이다.
전기구석기시대: 가공이 적고 큼직한 석기가 주로 많다.

중기구석기시대: 기능이 분화된 작은 석기들이 다수를 차지한다.

후기구석기시대: 훨씬 정교한 소형 석기들이 보편적으로 사용되고 날카로운 돌에 타격을 가하는 방법 등이 나타나게 된다.

중석기시대: 손가락 굵기만 한 작고 가는 석기, 즉 세석기(細石器) 또는 잔석기를 사용하게 된다.

## (2) 한반도의 구석기 유적

현재까지 알려진 우리나라의 구석기 유적은 남북한 모두를 합쳐 50군데가 넘는데 **전기구석기시대 유적으로는 평양의 상원군 검은모루동굴과 경기도 연천군 전곡리유적, 중기구석기시대 유적으로는 함경북도의 웅기군 굴포리유적과 평안남도 덕천의 승리산동굴유적 및 제주도 빌레못동굴** 등이 있고, **후기구석기시대 유적으로는 충청남도 공주시 석장리유적, 충청북도 청원군 두루봉유적** 등이 있다. 그러나 한반도에서는 아직까지 중석기유적이 발견된 바 없다.

## (3) 한반도 구석기인의 생활상

### ① 주거지(住居址)

한반도의 구석기인들은 동굴이나 평지에서 주로 생활하였다. 동굴은 평양 상원군에 있는 검은모루동굴과 충북 제천의 점말동굴이, 평지에 세운 집은 공주의 석장리유적이 대표적인 예다. 특히 평지에 세운 집은 담을 쳐서 집을 외부와 구별하고 출입문을 만들며 기둥을 세

워 천막을 쳐서 비바람으로부터 보호하는 기능을 갖는다. 거주인 수
는 8명 내지 10명으로 일정 정도의 공동체적 생활을 영위하였다. 화
덕(爐址)이 있는 점으로 보아 불을 이용하여 요리도 하고 추위도 막았
던 것으로 보인다.

② 생활도구

뼈나 뿔(骨角器)·돌(打製石器) 등을 이용하여 사냥도구, 요리도구, 공구
(工具) 등을 제작하였다. 구석기시대를 대표하는 石器로는 사냥도구로서
**주먹도끼(hand axe)·찍개(chopper)와 요리도구로서 찌르개(point)·**
**긁개(side scraper)·밀개(end scraper), 공구로서 새기개(graver) 등**
**이 있다.** 특히 주먹도끼는 재료가 되는 돌에서 먼저 큰 파편을 떼어낸
다음, 떼어낸 돌의 양면을 돌아가며 엇갈리게 쳐서 만든 것인데 손에 쥐
고 사용했기 때문에 주먹도끼라고 명명하였으며 양면을 떼어내고 알맹
이를 썼기 때문에 '**양면핵석기(兩面核石器)**'라고도 부른다.

〈사진 1〉 주먹도끼

③ 예술과 신앙

　선사시대에 만들어진 다양한 예술작품은 그 당시 살던 사람들의 의식구조나 생활태도, 신앙의식을 살펴볼 수 있는 매우 중요한 재료다. 우리나라에서도 사람이나 동물을 입체적으로 조각한 유물들이 발견되고 있다. 일찍이 충북 제천군 점말동굴에서는 연대가 약 7만 2천년 전으로 밝혀진 문화층으로부터 사슴등뼈 일곱째 마디를 이용하여 구멍을 뚫고 다듬어 짐승의 얼굴모습을 만든 유물이 출토된 바 있으며, 코뿔소의 정강이뼈에 사람얼굴을 새겨놓은 조각품이 발굴된 바도 있다. 이들 조각품은 채집과 사냥 등의 경제생활이 잘 되기를 기원하는 목적에서, 혹은 동물이나 각종 질병으로부터 신변의 안전을 비는 목적에서 만들어진 것으로서 주술적인 신앙과 밀접한 관련을 갖는다.

　이러한 신앙의 발생은 그들 주변의 자연환경 속에서 예기치 못한 사고, 즉 천재지변으로 인하여 발생할 죽음에 대한 공포심이 인간의 마음을 약하게 만들고 혼자의 힘으로 해결할 수 없는 문제들이 세상 곳곳에 산재해 있다는 사실을 알게 되면서 신앙의식이 서서히 싹트기 시작했을 때부터였다. 이러한 믿음을 신앙의 대상물에게 구체적인 모습으로 바칠 수 있도록 만든 것이 예술작품이라 할 수 있다. 신앙의식을 계속 치르면서 그 절차에 따른 노래와 춤이 나타나고 이러한 사실을 시각적으로 표시해 놓기 위한 표현예술이 등장하게 되는 것이다.

## 3) 신석기시대(新石器時代) - 토기의 사용

　기원전 10,000년경 전후로 하여 추위가 물러나고 날씨가 따뜻해지면서 지구상에는 구석기시대와 다른 새로운 움직임이 일어나게 되는 데 바로 신석기시대가 도래한 것이다. 이 시대는 자연물을 가꾸고 길러서 식량으로 사용한 문화라는 점에서 채집과 사냥만을 영위하던 구석기시대와 구별된다. 문화란 어느 한 집단의 생활양식을 말한다. 예를 들면 신앙·예술·법률·도덕·관습·상식 등이 모두 문화의 한 부분으로서 문화는 공유되며 학습되고 축적되며 변화한다는 특징을 지닌다. 그런 점에서 본다면 취락을 이루고 부족사회를 형성시킨 신석기시대는 문화의 진정한 출발점이라 하겠다.

## (1) 토기의 제작

돌을 일정한 모양으로 깨거나 떼어낸 뒤 그것을 갈아서 만든 석기를 사용하였다. 돌을 갈아서 만들었다고 하여 간석기 혹은 마제석기(磨製石器)라고 하는데 마제석기의 사용은 인류가 돌의 성질을 더 잘 이해하게 되고 재활용의 개념, 즉 부러지거나 날이 무뎌진 석기를 다시 갈아서 쓰는 일이 빈번해졌음을 의미한다. 신석기시대의 특징적인 요소 중 하나는 토기를 제작했다는 사실이다. 토기는 흙에 잿물이나 유약을 사용하지 않고 그냥 불에 구운 것을 말한다. 중앙아시아와 서남아시아, 지중해 연안에서 발견된 토기들은 대략 기원전 8,000년쯤에, 우리나라의 경우는 기원전 6,000년쯤에 이르러서 토기가 제작되었다. 이 시대의 토기는 가마 속에서 굽지 않고 노천에서 구웠기 때문에 그리 단단하지 않고 붉은색을 띠며 그릇의 두께가 매우 두껍고 면이 거칠다. 그래서 물을 담거나 음식을 조리하는 데 부적합하여 주로 저장하는 데 사용되었다.

이 시대의 대표적인 토기는 '**빗살무늬토기(櫛文土器)**'이다. 토기의 표면에 빗금을 돌린 것으로 이보다 이른 시기에 만들어진 토기도 있는데 이른바 '**민무늬토기(原始無文土器)**'와 '**덧무늬토기(隆起文土器)**'가 그것이다. 이러한 토기들은 주로 함경북도 옹기군 굴포리, 강원도 양양군 오산리, 경상남도 부산시 동삼동 등지에서 발견되었다. 빗살무늬토기는 함경북도 옹기군 굴포리, 평안남도 청호리, 서울시 암사동, 하남시 미사리, 부산시 동삼동 등지에서 발견되었다. 빗살무늬토기는 대개 밑이 뾰족하거나 둥글고 위가 수평으로 잘린 모양을 하고 있는데 기원전 4,000년경부터 사용되기 시작하였다. 빗살무늬토기는 두만강·대동강·한강·낙동강 등 큰 강가의 하류나 그와 가까운 해안에 위치하며 만주의 요동반도는 물론 송화강유역, 연해주 및 심지어 몽고와 시베리아의 바이칼호수지방에서도 출토되었는데 이는 토기를 모래로 이루어진 땅에서 쉽게 꽂아서 쓸 수 있었기 때문이다.

〈사진 2〉 빗살무늬토기

## (2) 사냥과 어로생활

신석기시대인들은 그 이전시기 사람들과 다른 여러 가지 도구를 사용하여 사냥과 어로생활을 영위하였다. 후기구석기시대부터 쓴 활과 화살이 신석기시대에 들어와서는 형태 면에서 정형화되고 종류도 다양해진다. 이 무렵에는 부분적이나마 사회분화가 진행되어 이러한 도구들을 전문적으로 만드는 사람이 생겨난 결과다. 신석기시대인들은 활을 이용하여 날쌘 짐승을 잡아 식량으로 쓰거나 털과 가죽을 얻었다. 우리나라 신석기시대 유적에서는 발견된 포유류와 조류의 동물 뼈가 각각 20여 종에 이르며 고기잡이에 이용된 작살이나 낚시 · 그물이 찍힌 토기도 출토되었다.

## (3) 농경과 정착생활

토기가 제작될 수 있었던 것은 농경 때문이다. 신석기시대 최대의 혁명이라고 할 수 있는 농경은 인류의 생활방식과 문화를 바꾸어놓았다. 농사는 주로 돌괭이와 돌삽을 이용하였고 피 · 조와 같은 잡곡류가 많이 재배되었으며 목축도 경영하였다. 농사를 지을 수 있는 땅은 제한되어 있는데 농사를 짓기 위해서는 한곳에 머물러야 한다. 이러한 점이 문화의 급진전을 가져왔고 자연의 변화에 순응하기만 하는 것이 아니라 도전적으로 환경을 변화시키려 노력하게 되었다. 바로 이러한 노력의 결실이 문화를 형성하는 원동력이 되었다.

## (4) 주거지

신석기시대인들은 움집에서 생활하였다. 움집은 땅을 둥글게 혹은 원형에 가까운 네모모양으로 판 다음, 그 위에 나무를 세우고 풀을 얹어 만든 집이다. 중앙에는 화덕을 만들고 그 주변에는 저장구덩이를 만들었다. 출입구는 한쪽의 땅을 골라 계단모양으로 만들었으며 간혹 사다리를 이용한 흔적도 발견되는데 남향이 일반적이다.

## (5) 신앙

### ① 애니미즘(Animism)

신석기시대인들은 농사를 지으면서 기후와 같은 자연의 섭리에 더 민감해졌을 것이다. 햇빛의 소중함과 비의 필요성이 뇌리에 깊이 각인되었고 식물이 자라는 것을 보면서 생명이라는 문제를 더 깊이 생각하게 되었을 것이다. 그 결과 산이나 나무, 강에도 영혼이 있다고 믿는 사상이 생겨났으며 영혼불멸도 믿었다. 사람이 죽은 뒤에 무덤을 만들었는데 무덤을 집에서 멀리 떨어진 곳에 조성하지 않고 생활 터전 주변에 만들었다. 시체는 머리를 동쪽이나 동남쪽에 두는 풍습이 있었는데 이는 해가 동쪽에서 뜬다는 사실을 염두해 두고 동쪽을 영혼의 소생처로 믿었기 때문이다.

### ② 토테미즘(Totemism)

신석기시대에는 씨족 혹은 부족단위의 사회가 형성되었다. 그것은 신석기시대인들의 주거지가 취락을 이루고 있었으며 몇 개의 취락이

하나의 단위를 있는 사실에서도 입증되었다. 씨족은 같은 조상을 모신 직계의 혈연집단이며 부족은 혼인 등을 통해 공통의 언어와 신앙을 지니며 나중에는 같은 조상을 숭배하게 되는 자연집단이라고 할 수 있는데 그 조상을 대부분 특정한 동·식물과 연관되어 매우 미묘한 신앙 내지 관념을 형성시킨 것이 토테미즘이다.

### ③ 샤머니즘(Shamanism)

신석기시대인들이 삶과 죽음의 세계, 광명의 세계와 어둠의 세계를 구별하고 신을 선신(善神)과 악신(惡神)으로 나누는 등 만물의 질서를 이원론적으로 파악하였는데 이를 샤머니즘이라고 하며 양자를 매개하는 존재로 주술사나 무당, 제사장 등을 설정하여 섬겼다.

## 4) 청동기시대(靑銅器時代) - 청동기의 사용

신석기시대인들은 토기를 만들면서 불을 다루는 기술을 향상시켰고 나중에는 700~800℃에 이르는 고열을 낼 수 있게 되었다. 이러한 과정에서 신석기시대인들은 '청동(靑桐)'이라는 금속을 얻을 수 있게 되었는데 청동은 구리에 비소·주석·아연과 같은 이물질이 섞여 더 단단해진 상태를 말한다. 물론 청동기시대라고 해서 모든 도구가 청동으로 만들어진 시기는 아니다. 각종 농기구와 공구는 여전히 석기를 사용했기 때문이다. 돌괭이·돌삽·반달모양돌칼(半月形石刀)·돌도끼 등이 이 시대의 대표적인 석기다. 청동기는 대개 무기(武器)와 의기(儀器)에 한정하여 사용되었을 뿐이다. 왜냐하면 청동은 얻기가 매우 어려웠고 단단하지도 않아서 나무를 베거나 땅을 파는 일에 사용할 수 없었기 때문이다.

지중해 연안에서는 기원전 3,500년경에 이미 청동기를 사용한 것으로 알려져 있다. 그런데 우리나라에서는 기원전 10세기나 기원전 9~8세기 내지 기원전 6세기쯤에 비로소 청동기시대를 맞이한 것으로 보기도 하나 이는 어디까지나 추정치에 불과할 뿐 절대적인 기준은 아니며 관련 유물과 유적 등이 발견된다면 앞으로 좀 더 연대가 올라갈 가능성은 충분하며 학자들 중에는 만주와 그 인근지역을 포함해 우리나라의 청동기시대를 기원전 15세기까지 올려다보는 견해도 있다.

이 밖에 대표적인 유물로는 **비파형동검(琵琶形銅劍)**과 **세형동검(細形銅劍), 잔무늬거울(多紐粗紋鏡), 청동창(銅戈), 청동방울(銅鈴)** 등을 꼽을 수 있는데 비파형동검을 비롯해 많은 무기류가 만들어진 것은 이 시기에 크고 작은 전투·전쟁 등이 집단 간에 빈번히 이루어졌음을 반영한다. 집단 간의 전쟁은 승리와 패배, 우위와 열등, 지배와 피지배의 결과를 가져왔을 것이다. 이 시대의 대표적인 토기로는 **민무늬토기(無文土器)**를 들 수 있는데 신석기시대의 토기보다 높은 온도에서 제작되었기 때문에 더 단단하며 그릇의 두께도 얇다. 그릇의 모양은 매우 다양하지만 밑바닥은 편평하며 색깔은 적갈색이 많다. 우리나라 청동기시대의 대표적인 유적으로는 함경북도 나진 초도(草島), 평안북도 강계시 귀공동, 황해도 봉산군 지탑리, 경기도 여주 흔암리, 파주 옥석리, 서울 강동구 가락동, 충청남도 부여군 송국리 등이 있다.

## (1) 고인돌(支石墓)과 돌널무덤(石棺墓)

청동기시대의 무덤양식으로는 고인돌이라 불리는 지석묘와 돌널무덤으로 불리는 석관묘 등이 있다. 고인돌은 다시 두 가지 형식으로 나뉘는데 책상 또는 탁상처럼 세워진 북방식과 큰 돌을 조그만 받침돌로 고이거나 판석을 놓은 남방식이 그것이다. 북방식 고인돌은 주로 한강 이북의 대동강·임진강·북한강 등 큰 강의 상류에 분포하며 군집을 이룬다. 남방식 고인돌은 그 이남에 분포하며 고인돌의 지하구조가 바로 돌널무덤이라는 점에서 주목된다. 또한 남방식 고인돌 가운데에는 선돌(立石)이 서 있는 예도 보인다.

그런데 발굴 초기에는 고인돌이 흔히 많은 사람들을 부려 거대한 돌을 옮길 수 있는 강력한 권력이 출현하였음을 알리는 중요한 증거로서 제시되어 왔다. 그러나 그 후에도 발굴지역이 전국적으로 확대되면서 지금까지 우리나라에서는 고인돌의 수가 몇 만기가 될 정도로 늘어나게 되었고 이에 따라 고인돌의 피장자를 모두 지배계급의 무덤이라고 보는 데에 대체로 부정적 시각을 갖고 있으며 대신 고인돌의 크기와 부장유물에 따라 지배계급과 피지배계급으로 분류하여 파악하는 경향이 늘고 있다.

〈사진 3〉 고인돌

## (2) 주거지

　주로 야트막한 구릉에 취락을 이루는 경우가 많은데 인근에는 하천이 있어 식수와 농업용수를 충분히 공급할 수 있으며 취락을 둘러싸고 목책(木柵)이나 물구덩이, 즉 호(濠) 등이 조성되었다. 이는 맹수나 다른 집단의 습격으로부터 자신들을 보호하기 위한 방편이었다. 취락의 구조는 개인의 주거공간 외에도 대형창고와 공동작업장 그리고 집회용 공공건물 등으로 이루어져 있다. 청동기시대의 주거지 모양은 일반적으로 장방형을 띠고 있으며 화덕이 한쪽 벽 근처로 물러나고 저장구덩이도 한쪽에 큼지막한 자리를 차지하게 된다. 대부분의 주거지인수는 대략 5~6인 정도의 인원이 생활하기에 적당한 크기다.

## (3) 국가조직의 탄생

제작기술이 향상되고 품목이 늘면서 사회와 문화가 그만큼 복잡해지게 되는데 청동기시대로 접어들면서 전문집단이 생겨나는 것이 바로 그러한 현상의 하나라고 볼 수 있다. 이는 소유의 격차를 유발하고 인간의 차별화를 유도하여 계급을 발생시키며 계급은 권력의 기반화에 이루어지게 되는데 곧 국가조직을 탄생시키게 된다.

## (4) 우리나라 청동기문화의 기원

우리나라 청동기문화는 중국과는 다르다. 오히려 송화강과 요하유역으로부터 한반도에 걸쳐서 형성된 하나의 독자적인 문화권에 속한다. 즉, 비파형동검과 잔무늬거울이 대체로 만주와 한반도지역에서만 분포하고 있으며 이 시대의 대표적인 민무늬토기 역시 한반도에서 송화강유역에 걸쳐서 분포하고 있다는 사실은 중국과는 다른 청동기문화권이라 할 수 있다. 일부에서는 이 문화가 오르도스지방을 중간지대로 하여 그 북쪽에 위치한 바이칼호 서남쪽의 미누신스크지역과 연결되는 것으로 보기도 한다. 경상남도 울주군 반구대 암각화유적에 보이는 그림이 기원전 700년에서 100년경 바이칼 호수 부근에서 발달한 문화에도 보이고 있으며 몽고의 울란바토르에서도 발견되고 있는 것이다.

## 5) 철기시대(鐵器時代) – 철기의 사용

철기를 처음 사용한 사람들은 지중해연안의 히타이트족으로서 그들은 늦어도 기원전 1,000년경에 이미 철기를 사용한 것으로 알려져 있다. 우리나라의 경우 기원전 300년경부터 철기를 사용한 것으로 보이는데 이 시기를 고고학에서는 초기철기시대라고 부른다. 철기의 사용은 그만큼 불을 사용하는 기술이 발전했음을 의미한다. 청동기와 마찬가지로 초기에 제작된 철기도 그리 단단한 것은 못되어서 사용하는 데 제한이 따랐다. 철기제작은 보통 1,000℃가 넘는 높은 온도에서 이루어지기 때문에 청동을 주조할 때마다 훨씬 어려운 일이다. 하지만 재료를 구하기 쉬워서 대량생산이 가능하였다. 특히 철제농기구를 사용하게 되면서 땅을 더 깊고 넓게 파면서도 힘을 덜 들게 되었고 같은 인력으로 더 많은 땅을 경작할 수 있었으며 그 결과 자연스럽게 생산력이 상승하게 되어 군량미로 이용하는 경우도 생겼을 것이다. 그것은 장기간의 전쟁이나 원거리정복을 가능케 했으며 그를 통해 국가형성과 통합·발전이 더욱 촉진될 수 있었다.

## 참고문헌

국사편찬위원회 편,『한국사』 2·3.
김원룡,『한국고고학개설』, 일지사, 1973.
이기백·이기동,『한국사강좌 Ⅰ – 고대편』, 일조각, 1982.
김기섭,『주제별로 풀어 쓴 한국사 강의록』, 가람기획, 1998.
서의식·강봉룡,『뿌리 깊은 한국사 심이 깊은 이야기 – 고조선·삼국』, 솔, 2002.

# 03

## 한국 최고의 고대국가 – 고조선

## 1) 고조선의 명칭

우리나라 역사서 가운데 고조선이라는 국가명칭이 처음 기록된 곳은 『삼국유사(三國遺事)』 「기이(紀異)」편 '고조선(古朝鮮)'이란 항이다. 이 책에서는 '단군조선(檀君朝鮮)'과 '기자조선(箕子朝鮮)'을 고조선에 포함시키고 대신 '위만조선(衛滿朝鮮)'을 고조선 다음의 항목에 설정하고 있다. 그러나 현재 우리 학계에서는 고조선이라 칭할 때에 대개 단군조선·기자조선·위만조선을 모두 포괄하여 이해하고 있다. 그러나 일부에서는 고조선을 단군조선만으로 한정하여 보는 견해도 있다.

'조선(朝鮮)'이란 명칭의 유래와 관련하여 『사기』에는 '조선에는 습수(濕水)·열수(洌水)·산수(汕水) 등 3개의 강이 있는데 낙랑과 조선이라는 명칭은 이 강들의 이름에서 따온 것 같다'고 하였다. 또한 『산해경(山海經)』에는 '조선은 요동에 있던 낙랑과 동의어다'라고 하였다.

이처럼 중국의 고대기록물에 나타나는 조선의 명칭은 지리적 위치가 중심이 된 해석이 주류를 이루고 있다. 근세조선의 지리서인『**신증동국여지승람(新增東國輿地勝覽)**』에는 '동쪽 끝에 있어 해가 뜨는 지역이므로 조선이라 불렀다'고 하였으며 역시 근세조선의 역사서인『**동사강목(東史綱目)**』에는 '선비(鮮卑)의 동쪽에 있으므로 조선이라 칭하였다'고 하였다. 이처럼 우리의 옛 역사서와 지리서에는 조선이라는 명칭을 지리적 요소와 함께 종족적 성격이 포함된 것으로 서술하고 있음을 알 수 있다.

## 2) 고조선의 주민

고대 중국의 문헌에 등장하는 우리 민족에 대한 최초의 지칭어는 예맥(濊貊)·예(濊)·맥(貊) 등이다. 예는 穢·薉·藥·獩 등으로, 맥은 맥(貊)·학(狢)·백(栢)·목(沐) 등으로 표기하기도 한다. 그런데 예맥 관련 명칭이 구체적으로 중국고대사에 등장하기 시작한 것은 한(漢)나라 이후의 문헌이다. 우리 학계에서는 동북아시아 민족이동의 관점에서 고아시아족과 알타이어족의 이동을 염두에 두고 청동기문화의 주역으로서 예맥족이 신석기문화의 주인공이었던 고아시아족을 흡수·통합하는 과정이 우리 민족의 형성과정으로 인식하고 있다. 이들은 한반도와 요녕지역, 길림성 등 현재의 중국 동북지역에 살던 주민으로서 이후 고조선·부여·고구려라고 하는 역사체 형성의 근간이 되었다. 예맥족의 분포범위와 존재 시기는 고고학상으로 청동기시대 비파형동검문화와 일치하며 고조선을 구성한 중심세력이었다.

## 3) 고조선의 위치와 영역

### (1) 고조선의 위치

#### ① 대동강설

고조선의 중심지를 현재 북한의 평양지역인 대동강유역에서 찾는 견해이다. 『수경(水經)』의 주석서인 『수경주(水經注)』의 저자 역도원(酈道元)은 북위(北魏)시대(386~534)의 사람으로 북위에 온 고구려사신으로부터 낙랑의 위치가 평양성이라는 것을 확인하였다고 기록함으로써 고조선 평양중심설의 가장 확실한 근거를 남겼다. 우리나라에서는 『삼국유사』의 편자인 일연이 고조선의 지명을 대부분 평양과 그 인근지역에 비정하였다. 이후 1930년대에 집중적으로 발굴된 평양 일대의 한(漢)나라 계통 유물과 유적을 통해 남한학계와 일본학계 모두 고조선의 중심지를 대동강유역으로 설정하였다. 북한학계에서도 1960년대 초반 일련의 고고학 관련학자들에 의해 평양지역의 유적과 유물을 근거로 대동강중심설이 부각되었다.

#### ② 요동설

고조선의 중심지가 지금의 중국 요동지역에 있었다는 견해다. 우리나라에서 요동중심설을 주장한 사람은 일찍이 조선시대의 학자인 권람(權擥)이었다. 권람은 『응제시주(應製詩註)』에서 낙랑을 압록강 북쪽인 유주(幽州)에 있었던 것으로 파악하고 기자조선이 요동과 요서를 통치하고 있었다고 주장하였다. 이후 홍여하(洪汝河)는 『동국통감제강(東國通鑑提綱)』에서 진번(眞番)을 요양(遼陽)으로 보았는데 그는 요양의 옛 이름이 평양이며 패수(浿水)가 요하(遼河)라 하여 고조선의 중심설을 주장하였다. 이러한 견해는 신채호·최남선·안재홍·정인보 등 일제시대 민족주의 사학자들에게 그대로 이어졌다.

### ③ 이동설

이는 고조선이 건국 초기에 요동에 있었으나 나중에 연(燕)나라 장수 진개(秦開)의 공격에 의해 그 중심지를 지금의 평양지역으로 옮겼다는 견해다. 즉, 기원전 11세기경 대능하(大凌河) 중·상류유역에까지 진출한 연의 세력이 기원전 3세기에 고조선을 공격하였고 만번한(滿潘汗)에 있던 고조선은 그 중심지를 이동하게 되었다는 것이다.

## (2) 고조선의 영역

고대 중국문헌 가운데 조선이라는 명칭이 가장 먼저 등장하는 것은 『관자(管子)』인데 이 책에서는 관자가 제(齊)나라 환공(桓公)에게 해내(海內)에 귀중한 예물 일곱 가지를 열거하는 가운데 조선의 문피(文皮)를 언급한 것이다. 『관자』는 춘추시대(春秋時代) 제나라 재상인 관중(管仲)의 저작으로 알려져 있는데 이 책을 통해 기원전 7세기경의 중국인들은 이미 조선의 존재를 인식하고 있었음을 알 수 있다. 또한 기원전 4~3세기경에 간행되었으나 후에 곽박(郭璞: 기원후 276~324)에 의해 다시 편찬된 『산해경』에는 '조선은 열양(列陽)의 동쪽에 있는데 바다의 북쪽이며 산의 남쪽이다. 열양은 연에 속한다'라고 하여 조선이 연나라와 인접해 있었음을 전하고 있다.

고조선은 이미 기원전 7세기경부터 춘추시대 중국인들의 고역대상이었다. 그러나 고조선이 중국세력과 본격적으로 정치 군사적 갈등을 벌이기 시작한 것은 전국시대부터였다. 즉, 주(周)나라가 쇠약해지자 연나라가 스스로 높여 왕을 칭하게 되었는데 기자의 후예인 조선후(朝鮮侯)도 왕을 칭하고 군사를 일으켜 연나라를 공격하려 하였으나 대부(大夫) 예(禮)가 간하므로 중지하였다고 한다. 그러다가 연나라 소왕(昭王)이 재위하던 무렵인 기원전 311년에서 279년 사이에 연의 장수 진개가 이끄는 군대를 파견하여 조선을 공격케 하고 2천여 리의 땅을 빼앗아 만번한에 이르는 지역을 경계로 삼았는데 조선은 그 후유증으로 국력이 매우 쇠약해지고 말았다. 여기에서 만번한은 전한대(前漢代) 요동군의 속현인 문현(文縣)과 번한현(番汗縣)을 합칭한 것이다. 문현은 현재의 요동 개평(蓋平) 서쪽지역에, 번한현은 현재의 요동 해성현(海城縣) 및 개평 일대에 비정된다.

그런데 진한(秦漢)시대 요동의 위치는 고조선의 영역을 이해하는데 매우 중요한 문제이기 때문에 학계에서는 요동의 위치비정을 둘러싸고 다양한 논의를 전개해 왔다. 종래 고조선의 영역을 압록강(鴨綠江) 남쪽지역에서 찾는 견해에 따르면 진·한대 요동은 현재의 요하(遼河)에서 압록강 남쪽지역에 이른다. 이와는 달리 고조선의 영역을 청천강(淸川江) 남쪽지역으로 이해하는 견해를 따른다면 요동의 위치는 요하의 동쪽에서 청천강에 이르는 지역이 된다. 따라서 이 같은 의견들에 따르면 진·한대 요동군의 영역은 요하 동쪽지역이 되며 요동과 요서(遼西)의 경계가 현재의 요하로 파악되는 셈이다.

고조선의 영역이 요동지역에 이르고 있었음은 고고학적으로도 증명이 된다. 즉, 비파형동검과 지석묘 등의 분포범위가 요동반도를 비롯해 요하 동쪽은 물론이고 서쪽에서도 발견되고 있기 때문이다. 따라서 고조선의 중심지가 초기에는 요동지역에 있었던 점은 확실하다. 아울러 전성기의 고조선은 대체로 요동반도를 중심으로 서쪽으로는 대능하유역에서 동호(東胡)와 접하고 남쪽으로는 대동강유역을 경계로 진국(辰國)과 이웃하였으며 북쪽과 동쪽으로 부여(夫餘)·진번(眞番)·임둔(臨屯)·숙신(肅愼) 등과 접했다.

## 4) 고조선의 변천과정

고조선은 기원전 7세기경에 이미 중국인들에게 잘 알려져 있던 나라였다. 기원전 4세기경에 연나라가 왕을 칭하자 조선도 왕을 칭했다는 사실과 신하인 대부(大夫)가 존재하고 있었다는 점 그리고 조선이 연나라와의 전쟁을 불사하는 외교적 강경조치를 강구한 점 등으로 미루어 볼 때 이 시기 고조선의 국력은 매우 막강했던 것으로 판단된다. 그런데 이때는 기자의 후예들이 단군조선을 이어서 왕위를 이어 나간 것으로 보인다. 그러나 그 전환시점이 언제부터인지는 알 수 없다. 다만 기자는 중국왕조인 은(殷)나라 사람으로서 그의 종족들을 이끌고 조선의 지역으로 들어와 살았고 그의 후손들이 은나라 말기·주나라 초기로부터 여러 세기가 지난 뒤에 단군조선을 대신한 것으로 추정될 뿐이다.

그러다가 기원전 3세기경 연나라의 소왕대에 진개가 조선을 공략하여 2천여 리의 광대한 지역을 빼앗았고 이후 진(秦)나라가 중국대륙을 통일한 뒤에 조선왕 부(否)가 복속의 예를 갖추었다고 하는 기사 등에서 고조선은 광활한 영역을 소유한 나라였던 사실을 알 수 있다. 더구나 진나라가 조선왕에게 정치적 복속을 강요한 사실은 바로 고조선이 국가조직을 갖춘 세력이었음을 반증하는 것으로 보인다.

연나라의 위만(衛滿)이 조선으로 망명하기 전 고조선의 통치구조는 **왕(王)**과 중앙의 **대부(大夫)**, 지방의 **박사(博士: 단순한 전문직능이 아니라 중앙에서 특별히 파견된 지방관을 뜻한다)** 등으로 연결되어 있는 체제다. 또한 고조선은 중국의 수만에 달하는 피난민을 무리 없이 수용하고 있었는데 이는 고조선이 상당히 규모가 큰 통치구조를 갖추고 있었음을 반증한다. 그리고 위만이 조선으로 망명하여 와서 조선의 준왕(準王)에게 서계(西界)에 거주할 것을 요청하고 아울러 그 대가로 조선의 번병이 될 것을 맹세하였으므로 준왕은 그를 믿고 박사에 임명한 뒤 백 리의 땅을 주기도 하였다. 그러나 위만은 진시황의 대규모 노역을 피해 들어온 유이민들을 자신의 휘하에 불러 모아 점차 자신의 정치적 기반을 마련해 나갔다. 그리하여 중국의 춘추전국시대(春秋戰國時代) 및 진나라의 통일시기까지 그동안 독자적인 국가체제를 유지하던 고조선이 진한계(秦漢系) 유민의 대규모 이입 등으로 인해 기존의 정치체제에 많은 변화를 겪게 되었고 결국 부왕과 준왕으로 이어지던 고조선은 망명인 위만의 정권찬탈로 인해 왕권의 교체가 이루어지게 되면서 위만조선(衛滿朝鮮)이란 국가체제로 바뀌게 되었다. 그런데 위만의 출신에 대해서는 한계(漢系) 연(燕)나라 사람으로 보는 견해가 있다. 다른 한편으로는 연의 조선지역 점령 때 연나라사람이 된 토착세력의 후손으로 보기도 하고, 조선의 유민으로 보는 견해도 있다. 이는 『사기』 「조선전」에서 위만의 복장에 대해 그가 조선의 영역으로 들어왔을 때 상투를 틀고 조선의 옷을 입었다고 묘사한 기사에 따른 것인데 위만이 단순히 조선인의 환심을 사기 위해 일부러 다른 민족의 옷을 입은 것으로 볼 수도 있고, 자신의 고국으로 돌아오면서 조선의 옷으로 갈아입었다는 뜻일 수도 있다.

위만은 준왕을 축출한 후 새로운 국가체제를 정비해 나가기 시작한다. 즉, 위만조선의 관직명과 관위체제로는 **왕과 태자(太子)·비왕(裨王)·상(相)·대신(大臣)·경(卿)·장군(將軍)** 등이 있다. 특히 '태자'라는 칭호가 사용된 점으로 미루어볼 때 위만조선에서는 독점적이고 안정적으로 왕위를 계승할 수 있는 왕실이 존재하고 있었던 것으로 파악된다. 또한 부왕적 존재인 '비왕'이 존재하였고 위만조선이 통치하고 있던 지역의 책임자로서의 기능을 수행한 존재로서 '상'이 존재한다. '대신'은 상·경·장군 등 고위층 관직자들을 가리키는 용어로 보이며, '장군'은 무관직으로서 '상'이 겸하였던 무관직이 분리된 전문무관을 일컫는 용어로 생각된다. 그밖에 하위지배계층에 속하는 자로서 '**궁인(宮人)**'과 같은 존재가 있고 일반계층으로서 '**민(民)**'이 있으며 최하위계층으로 '**노비(奴婢)**'도 있다.

위만은 한나라의 책봉체제에 형식적으로 편입됨으로써 한나라와의 긴장요소를 제거하고 한나라의 우수한 무기와 물자를 공급받았다. 이를 기반으로 하여 위만은 주변세력으로의 급속한 팽창을 도모하여 진번·임둔 등의 주변 정치체를 복속시키고 한나라에 대한 새로운 위협세력으로 등장하였다. 당시 한의 효문제(孝文帝)는 흉노(匈奴)의 팽창에 매우 긴장하고 있었다. 그런데 이때 동호(東胡)를 격파한 흉노가 조선과 유대관계를 가지고 있었으며 당시 위만조선은 우거왕(右渠王)시대에 와서 발달된 철기문화를 기반으로 하여 강력한 군사력을 가지게 되었고 이를 배경으로 하여 주변의 정치집단들과 한나라 간의 교역을 매개한 중계무역을 독점하기 위해 이들의 교역로를 차단하는 일까지 벌어지기도 하였다.

이처럼 위만조선의 우거왕이 흉노와의 제휴 및 한나라에 대한 압박을 가해오자 흉노에 대한 적극적인 공세를 취하여 하서(河西)에 사군(四郡)을 설치한 뒤 위만조선과의 관계를 재정립하기 위해 섭하(涉河)를 조선에 파견하였다. 그러나 그 계획은 성공하지 못하게 되었다. 그런데 한나라가 자국의 사신을 전송하던 조선비왕을 살해하고 귀국한 섭하를 요동동부도위(遼東東部都尉)에 임명하면서 우거왕을 자극하자 그가 먼저 한나라를 공격하여 섭하를 살해함으로써 양국간의 충돌은 본격화하기 시작했다. 그리하여 한나라는 흉노와 남월(南越)에 대한 정벌이 일단락된 뒤 기원전 109년 조선을 침공해왔다. 이후 1년여에 걸친 전쟁에서 위만조선은 지배층의 분열과 우거왕의 피살 및 일부 지배세력의 망명 등으로 인해 세력이 급격히 와해되었고 대신(大臣) 성기(成己) 등의 최후 항전도 있었으나 이들의 노력에도 불구하고 위만조선은 끝내 기원전 108년 붕괴되고 말았다.

## 5) 또 하나의 옛 나라 – 진국(辰國)의 실체

진국의 존재를 알 수 있는 기록은 『사기』 「조선전」이다. 이에 의하면 위만조선의 우거왕(右渠王)은 한나라 조정에 조공하지 않았으며 진번 옆의 진국이 글을 올려 천자에 알현코자 하였으나 조선의 우거왕이 이를 가로막아 통하지 못하게 되었다고 한다. 그런데 이 책은 판본에 따라 '진국' 또는 '중국(衆國)'으로 나와 있어 다소 혼선을 일으키고 있다. 이로 인해 3세기의 한반도 정세가 70여개 국으로 분립된 상태라는 점에서 '진국'보다는 '중국'이 더욱 사실에 가깝다는 생각을 갖게 만들기도 하였다. 그러나 『삼국지(三國志)』와 『후한서(後漢書)』를 비롯한 『사기』 이후의 역사서들은 한결같이 진국을 진한(辰韓)이나 삼한(三韓)의 전신으로 파악하였다. 따라서 한반도 남쪽지역에 70여 개가 넘는 소국들이 분립해 있었지만 우월한 나라를 중심으로 정치적 유대와 결집, 이에 토대를 두고 성립한 정치권력의 정립 상태를 충분히 상정할 수 있다.

## 참고문헌

이병도, 『한국고대사연구』, 박영사, 1976.
이기백 · 이기동, 『한국사강좌 I』, 일조각, 1982.
이종욱, 『고조선사연구』, 일조각, 1993.
윤내현, 『고조선연구』, 일지사, 1994.
국사편찬위원회, 『한국사 4』, 1997.
서의식 · 강봉룡, 『뿌리 깊은 한국사 샘이 깊은 이야기』, 솔, 2002.

# 04

## 부여(夫餘·扶餘)의 정치와 사회

## 1) 부여(夫餘)의 명칭과 기원

부여는 일찍이 북만주지역에 존속하였던 예맥(濊貊)족계의 국가였다. 예맥족이 하나의 단일한 종족명으로 등장한 것은 춘추시대 이후의 일이다. 흔히 부여족이라 일컬어지는 예맥족의 한 종족은 일찍부터 송화강유역을 중심으로 서단산(西團山)문화라는 선진적인 문화를 영위하면서 우리 역사상 고조선에 이어 두 번째로 국가체제를 마련하였다. 그런데 제1송화강과 제2송화강이 만나는 지점의 눈강(嫩江)지역인 흑룡강성과 길림성에는 그보다 앞선 시대에 **백금보(白金寶) - 한서(漢書) 하층문화**와 **망해둔(望海屯) - 한서(漢書) 상층문화**를 이루고 있었다. 이들 문화는 중국 한족문화의 영향을 받은 것으로 **이 문화를 담당한 족속은 당시 송화강의 눈강지역에서 활동하던 부여족으로 보는 견해가 일반적이다.** 다만 그것을 부여의 조기문화로 보느냐 아니면 부여 건국설화에 나오는 '고리국'의 문화로 보느냐의 차이가 있을 뿐이다. 물론 백금보─한서 하층문화는 춘추시대보다 빠르고 비록 다 같은 예맥족의 문화이긴 하지만 눈강 이남의 길림 일대를 중심으로 발전한 서단산문화와는 다른 특성을 보이고 있다. 따라서 백금보문화는 맥인(貊人)의 문화고 서단산문화는 예인(濊人)의 문화로 보기도 한다.

부여라는 이름은 『사기(史記)』 「화식(貨殖)열전(列傳)」에 "연(燕)이 북으로 오환(烏丸)·부여와 인접했다"는 기록에 처음 보인다. 부여라는 이름의 유래에 대해서는 여러 설이 있다. 먼저, 부여의 원뜻이 밝(神明)에서 유래하여 평야를 의미하는 '벌(伐·弗·火·夫里)'로 변화한 데서 연유하였다는 설이다. 그 근거는 부여의 중심지역이 송화강 연안의 동북평원 일대이고 '벌'이나 '부리'가 서라벌·고사부리(古沙夫里) 등 삼국시대의 지명 어미에 자주 등장하고 있기 때문이다. 이는 부여족의 일파가 세운 고구려의 구려(句麗)라는 명칭이 '큰 고을' 또는 '높은 성(城)'을 의미하는 '홀(忽)'·'골'·'구루(溝漊)'에서 비롯되었다는 점과 관련되어 설득력을 지니고 있다. 또 다른 설로는 사슴의 뜻에서 유래했다는 주장이 있다. 부여의 원 거주지인 '녹산(鹿山)'이 만주어에서 '사슴'을 뜻하는 말인 'puhu'와 몽고어에서 사슴을 뜻하는 'pobgo'라는 말에서 비롯하였다는 주장이다. 부여라는 명칭의 기원에 관해서는 대개 평원·강이름·산이름 등에서 유래했다는 지리적인 면이 강조되고 있다. 그런데 선비(鮮卑)나 오환 등 북방의 유목민들의 종족명은 대개 그들이 원래 거주한 산이름에서 유래했다. 이러한 점과 함께 부여가 처음에는 녹산에 거주했다는 사실과 이후 발해에서 부여의 사슴을 귀하게 여겼다는 점 등을 고려한다면 부여의 명칭이 사슴의 명칭에서 유래했다고 하는 설이 좀 더 설득력 있는 주장으로 보인다.

## 2) 부여의 건국연대

부여의 건국연대에 대해서는 분명하게 기록된 사료가 없다. 그러나 한나라인인 사마천의 『사기』에 나와 있는 전국(戰國) 7웅(雄)의 하나인 연(燕)나라에 대한 기사 가운데 고조선·진번과 함께 부여가 언급되어 있다. 이는 부여가 매우 선진적인 나라였음을 보여주는 것이다. 진수(陳壽)의 『삼국지』와 범엽(范曄)의 『후한서』에 나타나는 당시 부여의 문명 정도를 살펴보면 그 기원은 상당히 오래된 것 같고 엄밀한 의미의 건국도 고구려보다는 훨씬 앞섰을 것으로 생각된다.

지금까지 기원전 108년보다 이른 시기의 부여에 관한 명확한 문헌 기록은 발견되지 않았다. 다만 반고(班固)의 『한서(漢書)』에서 부여의 명확한 실체를 처음으로 확인할 수 있는데, 기원전 195년에 한나라는 요녕(遼寧)·요서(遼西) 등 4군을 정하고 기원전 128년에 창해군(蒼海郡)을 두었으며 기원전 108년에는 낙랑(樂浪)·임둔(臨屯)·현토(玄菟)·진번(眞番) 등 4군을 두었고 이후에 옛 연의 땅인 동북지구 남부가 비로소 "북으로 오환(烏丸)·부여와, 동으로는 예맥·조선·진번의 이로움을 이었다"고 하였다. 여기에서의 '연'은 전국시대의 연(燕)나라이거나 또는 한나라 시대(漢代)의 연나라 땅을 말한다. 기록에는 명확한 언급이 없지만 연은 이미 북으로 오환과 인접했고 오환은 대략 한나라 초에 이름을 얻은 동호(東胡)족의 한 지파이므로 이 연은 한나라시대의 연나라 땅을 가리킬 가능성이 높다. 따라서 부여는 늦어도 한나라 시대 초기부터 존재하고 있었음을 알 수 있다.

그런데 『한서(漢書)』「왕망(王莽)전」에 보면 왕망이 왕위를 찬탈하고 새로이 주변 나라와 외교관계를 맺었는데 그 나라들 가운데 부여가 등장하고 있다. 이처럼 왕망의 건국 이전에 이미 한나라와 모종의 교류를 가진 것으로 보아 대체로 기원전 2세기경에는 부여국이 존재하고 있었다고 할 수 있다. 또한 『사기』「화식(貨殖)열전」에는 진(秦)나라의 시황제(始皇帝) 때 오씨(烏氏)현의 '나(倮)'라는 사람이 주변 나라들과 장사를 하여 큰 이득을 본 이야기를 전하는 가운데 부여라는 명칭이 보인 점에서 부여는 진시황 때(기원전 246~210)에 이미 존재한 나라였음을 알 수 있다. 따라서 부여의 성립은 대체로 기원전 3세기 후반경으로 비정할 수 있다.

이것은 부여의 선주민인 예맥(濊貊)족의 **서단산문화(西團山文化)**가 기원전 3세기부터 이전의 돌널무덤에서 움무덤(토광묘)으로 변화하면서 새로운 정치집단의 출현을 암시하고 있다는 점에서도 방증된다. 중국 동북지방의 경우 기원전 4~3세기를 지나면서 문화상의 큰 변화를 겪게 되는데 구체적으로는 매장양식이 돌무덤(고인돌·돌널무덤)에서 움무덤으로 바뀌고 철기를 사용하고 있다. 그 계기는 물론 전국시대 말기의 변동기를 통해 들어온 중국문화의 영향이 가장 컸다. 고조선지역에서도 이러한 중국문화의 영향으로 새로이 사회적 생산력의 발전이 이루어지고 이른바 **세죽리-연화보유형문화**(기원전 4세기 말~3세기 초의 전국시대 철기문화 및 기원전 3세기 말의 진·한 교체기, 그 이후 기원전 2세기 초 무렵의 한나라 초기의 철기문화를 포괄하고 있다)가 출현하면서 국가체를 형성하였다. 고조선의 동쪽지역에서는 서단산문화단계를 이어 **한대(漢代) 부여(夫餘)문화**라는 새로운 문화를 기반으로 한 또 하나의 정치체가 성립하였는데, 북쪽 고리국(탁리국)에서 주민집단이 이동하여 부여국을 건국한다는 설화와 부합되는 면이 많아 이 단계부터 어느 정도 지배집단을 중심으로 초기 권력집단이 중국 길림시 지역에서도 형성되고 있었음을 알 수 있다.

## 3) 부여의 영역

부여는 역사가 오래되었던 만큼 그 영역에서도 일련의 변동이 있었다. 『삼국지』「부여조」에 따르면 "부여는 장성의 북에 있는데 현토로부터 천 리 떨어져 있다"라고 하여 그 남쪽 경계는 한(漢)의 동북장성 이북이었음을 알 수 있다. 『삼국지』에서 기술한 장성은 진한(秦漢)시대의 장성(長城)을 가리키는 것이다. 그런데 부여의 위치에 대한 구체적 서술은 후한대부터 삼국시대의 사실을 기록한 『후한서』와 『삼국지』에서야 비로소 나타나게 된다.

『후한서』「부여조」에는 "부여국은 현토 북쪽 천 리에 있다. 남쪽으로는 고구려, 동쪽으로는 읍루, 서쪽으로는 선비와 접하며 북에는 약수(弱水)가 있다. 땅은 사방 2천리인데 본래 예의 땅이었다. (생략) 동이의 지역에서 가장 평평한 곳으로 오곡이 자리기에 알맞다"라고 기록되어 있다. 『삼국지』「부여조」에는 『후한서』「부여조」와 내용이 거의 같으나 "부여는 (생략) 산릉(山陵)과 넓은 못이 많은 곳이다"라는 표현이 첨가되어 있다. 이처럼 부여의 위치에 대한 두 사서의 서술은 거의 일치하는데 이것은 후한-삼국시대 부여의 위치가 큰 변동이 없었음을 의미한다.

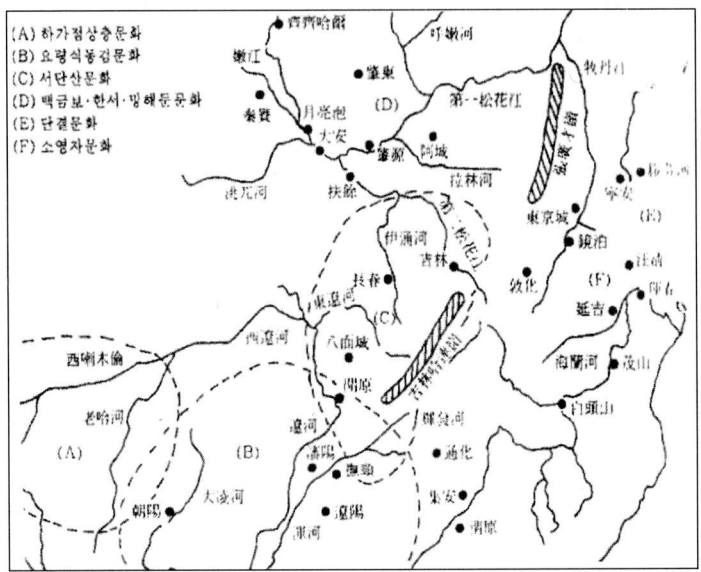

〈그림 1〉 중국 동북지방 고대문화 분포도 17

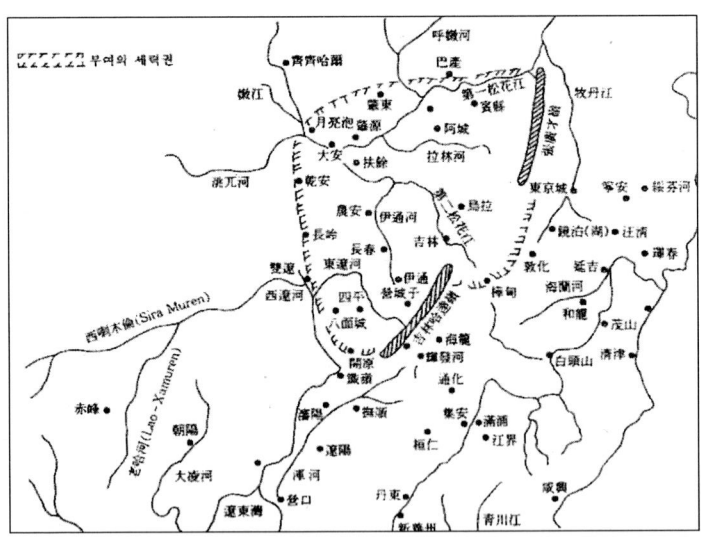

〈그림 2〉 3세기경 부여국의 강역 추정도

## 4) 부여의 성장과 대외관계

부여가 아직 강성하였던 기원전 1세기에 그 남쪽에서는 고구려가 새로운 세력으로 성장하기 시작하였다. 고구려의 시조 주몽은 처음 부여로부터 도망 와서 나라를 세웠다. 따라서 초기에는 부여가 고구려와 우호적인 관계였다. 부여가 고구려에 보낸 편지에서 "우리 선왕(금와왕)이 그대의 선왕인 동명왕과 서로 사이가 좋았다"고 한 것은 고구려 건국 초기에 두 나라가 화친관계를 맺고 있었던 사실을 잘 보여준다. 하지만 건국 초기부터 예속 및 화친관계를 유지하던 고구려가 급속히 성장함에 따라 부여는 힘에 의해 고구려왕실을 예속시키려고 하였다. 이때 국력이 아직 약했던 고구려는 부여에 태자를 볼모로 보내는가 하면 외교적 또는 군사적인 방법을 통해 고구려를 계속 위협하였다.

그러다가 부여는 고구려의 유리(명)왕 22년(3)에 전국의 군사들을 동원하여 고구려에 대한 대공세를 펼쳤고 이 전쟁에서 부여는 오히려 대소왕과 수많은 군사들을 잃어버리는 참혹한 상황을 맞게 되었다. 이를 계기로 부여는 내분에 휩싸이게 되었고 국력은 현저히 약화되었는데, 『삼국사기』나 『삼국유사』 등의 사료에 의하면 부여(동부여)는 왕위가 금와왕에게 계승되고 이어서 그의 아들인 대소(帶素)에게 전해졌으나 대소가 기원후 22년에 고구려와의 전쟁에서 죽자 대소의 아우들이 추종자와 함께 압록곡(鴨淥谷)에 이르러 갈사수(曷思水)가에서 나라를 세우고 왕이 되었다고 한다. 또한 대소가 피살된 후 같은 해 부여 읍락의 대부분은 고구려에 투항하여 연나부(椽那部)에 안치되어 낙(絡)씨라는 성을 하사받았으며 이후 매우 오랜 기간 동안 연나부의 동부여인들은 상대적으로 독립적인 상태를 유지하고 있었다고 한다.

기원후 1세기 초부터 부여의 명칭이 중국의 역사서에 자주 등장한다. 이는 부여가 흉노나 고구려와 함께 위협적인 존재였음을 보여주는 것이다. 당시 중국은 부여와 외교관계를 맺음으로써 부여 서쪽의 선비(鮮卑)와 남쪽의 고구려를 견제할 수 있었기 때문에 부여의 등장을 환영하였다. 한편 부여도 농업에 바탕을 둔 국가로 성장하고 있었으며 일찍부터 고구려나 서북쪽의 유목민들과는 적대적인 관계에 있었으므로 역시 중국과의 우호관계를 바라고 있었다. 『위략(魏略)』에 의하면 "그 나라는 매우 부유하고 선세 이래로 일찍이 파괴된 적이 없다"고 한 것으로 보아 부여는 국가적 성장이 지속될 때까지 수도의 천도(遷都)나 남에게 큰 타격을 입는 일이 없었던 것으로 이해된다. 그러나 부여는 3세기를 지나면서 서쪽에서 성장하는 선비족의 세력과 고구려의 압력에 의해 국가적 성장이 저지되고 국력이 점점 쇠약해졌다.

이후 부여는 급속히 약화되어 5세기 말까지 간신히 그 명맥을 유지하고 있었다. 이때 부여의 지배하에 있던 물길(勿吉)족(말갈족의 전신)의 저항이 거세졌으나 당시의 부여는 물길의 반란을 제압할 만한 힘이 없었다. 그 뒤 부여는 457년 북위(北魏)에 사신을 보낸 바도 있으나 5세기 말, 동만주 산림지대에 거주하던 물길이 흥기하여 고구려와 상쟁을 벌이고 동류 송화강을 거슬러 그 세력을 뻗쳐나갔다. 이에 따라 부여는 그 침략을 받게 되고 부여왕실은 고구려의 영역 안으로 옮겨지게 되었다. 드디어 부여는 494년에 국왕과 그 일족이 고구려에 망명함으로써 역사 속에서 사라지고 말았다. 이때 멸망한 부여는 고

구려의 보호 아래에 있던 현 중국 길림시 일대의 원부여로 파악되는
데 고구려와 위(魏)·진(晉) 시기에 크게 성장한 선비족 모용(慕容)씨의
침입을 받아 동쪽으로 이동하였던 부여족의 일파가 건국한 부여만이
고구려의 보호 아래 5세기까지 존속하였으나 결국 494년에 이르러
물길의 흥기로 그 왕족이 고구려에 투항함으로써 만주지역의 부여는
완전히 소멸되었던 것이다. 그런데 부여의 주민집단 일부는 고구려에
통합되는 과정에서 서북쪽으로 옮겨가 두막루국(豆莫婁國)을 형성하
였다.

## 5) 부여의 통치조직

### (1) 중앙통치조직

부여에는 중앙관직으로 **왕(王)**이 있었고 그 밑에 여섯 가축으로 이
름을 정한 **마가(馬加)·우가(牛加)·저가(豬加)·구가(狗加)·대사
(大使)·대사자(大使者)·사자(使者)** 등이 있었다. 부여왕은 이전 예
맥사회 단계의 예성(濊城)에 거처하고 있었는데 이전에 '예왕지인(濊
王之印)'이 있었던 것으로 보아 이 예성에 거처한 부여왕에게도 국새
(國璽)가 있었을 것이다. 부여의 왕위계승도 적장자세습제에 준하여
이루어지고 있었다. 그러나 부여의 왕은 무제한의 권력을 행사하는
전제군주는 아니었다. 왕의 권력은 귀족들의 합의기구에 의해 일정한
제약을 받았다. 왕은 일정한 가계에서 나왔을 테지만 선임되었고 왕
은 '가(加)'들의 대표로 군림하였으나 초월적 존재는 되지 못하였다.
옛날 부여의 습속에 날씨가 고르지 못하여 수해나 한해가 생기고 그

해의 농사가 흉년이 들면 그 허물을 곧 왕에게 돌려 죽이거나 교체하였다는 것은 그러한 사실을 방증해준다.

부여사회에서 제가(諸加)는 국가의 최고 관리로서 지방 행정사무를 관할하였다. 처음에 '가(加)'는 일정지역의 족장으로서 부족원에 의해 선출되어 군사·재판·제사 등의 중요업무에 대한 집행책임자에 지나지 않았으나 부족사회의 발전에 따라 귀족화되었다. 이들 제가는 주로 **하호(下戶)**를 통치하였는데 세력의 크기에 따라 수천 가 혹은 수백 가의 호를 지배하였고 이들은 평소에는 귀족 족장으로서 마을을 다스리다가도 전쟁이 일어나면 군사령관으로서 임무를 수행하였다. 또한 이들 제가는 연맹단계의 국가에 참여할 때 이미 대외교섭권이나 무역권 등을 국왕에게 넘겼으나 자체적으로 관리를 둘 정도로 자치권이 인정되었다. 이후 부여에서는 제가들 중에서 국왕 직속의 관리가 되었던 대사직이 많은 권한을 가져 정치적 비중이 한층 더 높아졌다. 원래 사자(使者)는 씨족 내부에서 신분이 열등한 자로 조부(租賦)를 담당하던 관리였다. 그러나 점차 그 직능이 중요시되어 여러 층의 사자로 분화되어 가는 가운데 위계가 높아져 행정적 관료로 성장하였다. 이들 중 최고의 직위인 대사는 외교를 전담하고 국정을 총괄하였다.

## (2) 지방통치조직

부여는 동·서·남·북의 4개 지역으로 나누고 이 지역들을 '가'들이 관할하였으며 중앙은 국왕이 직접 통치하였다. 부여에서는 전국에 대한 통치를 강화하기 위하여 온 나라를 5개 지역으로 나누어 통치하였다. 부여의 지방에는 '사출도(四出道)'가 있었다. 사출도라는 말은 단순히 지방을 네 개의 행정구역으로 구분했다기보다는 고구려의 오나부(五那部)처럼 수도를 중심으로 대체로 방위에 따라 사방을 나눈 것을 의미한다. 여기에서 도(道)는 교통로 또는 그 교통로상에 위치하는 지역을 말하는데 사출도는 왕도로부터 사방에 통하는 길로서 고대국가의 지방지배의 기본이 되는 도로와 그 주변 읍락을 의미하며 제가에 의해 관할되었다. 이 읍락은 부여연맹체를 구성하는 가장 기본적인 단위집단이었다.

부여의 지방통치는 지역 단위집단인 읍락집단을 일원적으로 통제할 만큼 중앙집권체제가 갖추어지지 않았다. 그렇기 때문에 부여에서는 재지수장층(在地首長層)인 제가의 자치력을 인정하는 가운데 이들을 통한 간접지배방식을 취하였다. 그리고 정복지역에 대한 통치방식은 속민(屬民)－공납(貢納)에 의한 지배체제로 운영되었는데 정복지역의 주민들을 모두 하호(下戶)계층으로 취급하였다.

## 6) 부여의 신분제도

부여에는 통치계급으로서 최고통치자인 왕과 제가 및 제사가 있었다. 피통치계급 중 평민으로서는 **호민(豪民)**과 **하호**가 있었으며 최하위계급으로서 **노비(奴婢)**가 있었다. 호민과 하호는 제가의 통솔을 받았는데 계급분화가 진행된 결과 평민 중의 부유해진 상층은 호민이 되었고 일반민은 하호가 되었다. 호민은 관인이 아니었지만 한편으로는 재지사회의 유력세력을 가리키고 있다. 부여의 호민은 동옥저(東沃沮)나 예(濊)의 읍락 거수(渠帥)층과 동일한 계층으로 이해되기도 하지만 거수가 읍락의 정치적 지배자라면 호민은 경제적으로 부를 축적한 자라는 성격이 보다 강하였다.

이처럼 호민층은 바로 일정한 사회발전 단계에서 역사적으로 형성된 존재다. 호민층에는 족장들 외에도 점복(占卜)을 행하고 제천(祭天)에 참여하며 종교적 기능을 행하던 샤먼이나 철을 다루는 야장과 같은 기술자 등이 있었다. 그들은 토지와 노동력을 확대해가면서 토지로부터 유리되는 유량민 등을 소작농이나 노비 등으로 편입시켜 읍락의 민을 지배한 것으로 이해된다. 하호는 평상시에 생산을 담당하여 생산물을 지배계급에 공납하였지만 전시에는 군량을 부담하는 임무를 맡았는데 직접 전투에는 참여하지 않았다. 하호 아래에는 노예가 존재하였다. 부여의 법률에 따르면 살인자는 죽이고 그 가족을 노예로 삼았다고 한다. 그리고 절도를 할 경우 12배로 배상하게 하였는데 변상이 여의치 않으면 노예로 삼았을 것이다. 부여는 정복을 통해 얻은 노예와 함께 형벌노예를 갖고 있었다.

## 7) 부여의 경제·문화

### (1) 부여의 경제

부여의 대가(大加)들은 외국에 나갈 때 수를 놓은 비단옷에 모피 갓을 쓰고 이에 금은으로 장식을 하여 화려함을 과시하였다. 전체적으로 보아 족장층의 부는 상당하였고 그들에 의한 부의 집중이 진전되고 있었음을 짐작할 수 있다. 부여인들은 백금보문화나 서단산문화 단계에서는 주로 석기나 목기를 이용하여 농경을 하였다. 전국시대 이후에는 철기문화의 영향으로 철로 만든 호미·가래·쟁기, 소와 말 등을 이용하여 농사를 지었다. 부여는 토질이 가장 비옥하고 평탄한 지역을 차지하여 농업이 발달하였다. 그래서 부여의 경제는 상당히 높은 수준에 도달해 있었다.

부여 선주민의 문화인 서단산문화 만기(晩期) 유적들에서는 돌도끼와 반달칼, 돌호미 등이 출토되고 형태가 다양한 많은 토기가 점차 규격화되고 있는 등의 사실로 보아 당시 주민들이 장기적인 정착생활과 농업을 위주로 한 경제생활을 영위했던 것으로 이해된다. 부여의 농업은 대체로 호민들이 토지를 사유하고 하호를 부려 농경에 종사하는 형태였다. 부여에서는 농업과 함께 목축업도 성행하였다. 주요한 가축으로는 말·소·돼지·개 등이 있었다. 특히 부여의 대평원에서 생산되는 말은 유명하여 일찍이 외국에까지 알려졌다. 부여는 훌륭한 말을 산출하였으므로 농경민이면서도 기마풍습이 일반화되어 있었고 보병과 함께 상당한 수의 기병을 가지고 있었으며 지배귀족인 제가들이 스스로 무장을 하여 전투를 수행하는 등 강력한 국방력을 가지고 있었다. 아울러 부여는 목축 외에 상업과 교통도 일찍부터 발달하였다.

## (2) 부여의 생활풍습

부여인의 체형은 크고 성질이 용맹했으며 사람을 대함에 정성스럽게 하였고 손님이 오는 것을 좋아하여 잘 대접하였다고 한다. 부여는 고구려와 유사한 언어를 사용하였다. 그런데 부여에는 고유의 문자가 없었다. 대신 한자를 차용하였을 것이다. 부여에서는 형이 죽으면 동생이 형수를 취하는 이른바 '**취수혼(娶嫂婚)**'이 널리 행해지고 있었다. 이러한 풍습은 부단한 정복전쟁으로 인하여 청장년 남자의 사망률이 높았던 유목사회에서 일종의 인적 자원의 보충을 위한 제도적 장치로서 종족보존의 의미가 강하며 흉노와 같은 북방민족뿐 아니라 현재의 일본에서도 행해지고 있는 것이다.

## (3) 부여의 신앙과 제의

부여에서는 정월에 하늘에 제사를 지내는데 이를 '**영고(迎鼓)**'라 하며 노인이나 어린 아이 할 것 없이 연일 음식을 나눠먹고 노래와 춤을 춘다. 북은 활과 화살처럼 하늘과 통할 수 있는 신비력을 지녔다고 믿어왔던 예맥족 사회의 풍속으로 영고는 이를 반영한 종교적 의례였다. 북은 가무로써 신을 즐겁게 하는 샤먼에게 없어서는 안 되는 제사도구였다.

부여에서는 국중대회 때 제천행사와 함께 형옥을 판결하고 죄수를 석방하였다. 수도에서는 전국의 족장에 해당하는 제가들이 모여 왕을 중심으로 하늘에 제사를 지내고 지난 한 해를 결산하며 주요 문제를 토의하여 국가의 결속력을 강화하였다. 이 회의에서 국왕은 최후의 결정권을 가지고 있었다. 부여사회는 아직 전국에 걸친 지배조직이 갖추어지지 못하고 지방의 각 부족들의 자치력이 온존하고 있던 상황이었으므로 영고는 비단 민속적인 행사로서 뿐 아니라 정치적인 통합기능도 가지고 있었다.

영혼의 불멸을 믿고 장례를 후하게 한 것은 고대사회의 공통된 풍습이었다. 사람들은 죽으면 영원히 없어지는 것이 아니라 다른 세계

로 이어지는 것으로 생각하여 일반적으로 후장(厚葬)을 하였다. 부여
에서는 보통 송장(送葬)을 멈추어 두는 정상(停喪) 기간이 5개월에 미
칠 정도로 상주는 장사를 속히 지내려 하지 않았다. 그리고 여름에는
얼음을 써서 시체의 부패를 방지하고자 하였고 또한 많은 부장을 하
였다. 장례를 치를 때에는 남녀 모두가 순백색의 의복을 입는데 특히
부인은 베옷을 입고 패물이나 반지 등은 차지 않았다. 특히 왕의 장
례는 옥갑(玉匣)을 사용했고 금(金)을 새긴 옥으로 만든 옷을 입혔다.

## (4) 부여의 예술

부여에서는 음식을 먹고 마실 때 그릇(俎豆)을 사용하였다. 부여의
유적지에서는 굽접시와 물동이 등이 나온 점에서 생활용기를 만드는
공예가 매우 발달하였음을 알 수 있다. 부여의 수도에는 궁성이 있었
고 그 주위는 도성으로 둘러싸여 있었으며 전국에서 받아들인 조세
·공물을 저장하는 창고와 감옥을 비롯한 형벌기관들이 있었다. 부여
궁성은 현재 남아 있지 않지만 궁성을 둥글게 쌓고 감옥을 두는 것이
특색으로 황토를 사용하여 담장을 쌓고 그 내부에 기와와 벽돌을 이
용하여 큰 집을 지었을 것으로 추정된다.

부여인들은 흰색을 숭상하여 평소 흰옷을 즐겨 입었고 상의와 겉
옷, 바지를 입고 가죽신을 신었으며 외출 시 화려한 비단옷을 입기도
하였다. 상복(喪服)도 남녀 모두 흰옷이었다. 옷차림에 의한 신분의 구
분이 있었고 고급 모피와 가죽신 등을 제작하였다. 이는 당시 직물생
산의 수준이 높고 제조업이 전문화되었음을 의미하며 금은으로 장식
한 모자와 각종 아름다운 구슬장식품의 제작은 높은 수준의 수공업

을 짐작게 한다. 그리고 화살·검·창 등 각종 우수한 무기를 생산하여 집집마다 무기를 간직하고 있었던 점으로 미루어 볼 때 당시에 무기제작은 이미 어느 정도의 전문직으로서 분화되어 있었을 것이다.

## 참고문헌

이병도, 『한국고대사연구』, 박영사, 1976.
이기백·이기동, 『한국사강좌 I 』, 일조각, 1982.
국사편찬위원회, 『한국사 4』, 1997.
서의식·강봉룡, 『뿌리 깊은 한국사 샘이 깊은 이야기』, 솔, 2002.

# 05

동예(東濊)와
옥저(沃沮)

## 1) 동예의 위치와 변천

『사기』와 『한서』에서 '예'는 '맥'과 연칭되어 '예맥(穢貊)'으로 표기되면서 '조선'과 함께 연(燕)나라 동방에 있던 종족으로 그 실체를 보이고 있다. 동예의 위치와 관련하여 『후한서』와 『삼국지』에는 예가 북쪽으로 고구려·옥저, 남쪽으로 진한과 접하고 동쪽으로 큰 바다에 이르며 서쪽으로 낙랑과 접한다고 하였다. 이는 예가 한반도의 동쪽에 자리하고 있었던 사실을 말해주며 광의의 예(濊)와 구분하여 동예(東濊)로 불리고 있다.

즉, 『삼국사기』에는 백제 동북지방과 신라 북변을 자주 침범하는 세력으로서 말갈(靺鞨)이 등장하고 있는데 이는 한반도 중부 및 동해안 지역에 거주하던 예족들이며, 『삼국사기』 신라본기에도 북명(北溟) 인이 밭을 갈다 예왕의 도장을 발견하여 바쳤다는 기록이 있고, 경북 영일군 신광면 홍곡리(마조리) 마을에서 '진솔선예백장(晋率善穢伯長)'

이 새겨진 동인(銅印)이 발견된 바 있어서 강원도 동해안 및 그 지역과 인접한 경기도 및 경상도 부근까지 광범위하게 분포했던 예족의 존재를 확인할 수 있다.

예는 강원도 동해안 및 그에 인접한 지역뿐 아니라 압록강과 혼강 유역에도 살던 종족이었다. 즉, 기원전 128년 예군(濊君) 남려(南閭) 등이 위만조선의 우거왕에게 반기를 들고 28만인을 이끌고 한의 요동군에 내부하자 한(漢)무제(武帝)가 그 땅을 창해군(蒼海郡)으로 삼았으나 3년 만에 폐지되었다는 사건에서 엿볼 수 있다. 그런데 예군 남려 등이 집단적으로 위만조선에 저항한 것은 예의 정치세력이 있던 진번·임둔지역까지 복속시킨 위만조선이 다시 압록강 유역으로 팽창을 시도하자 이 지역의 또 다른 예족 정치집단들이 크게 위협을 느꼈기 때문이다.

그러므로 이를 통해 예족은 동해안 지역뿐만 아니라 압록강과 혼강(渾江) 유역에 이르는 광범위한 지역에 두루 퍼져 있으면서 여러 정치집단을 형성하였던 것으로 볼 수 있다. 예족이 형성한 정치집단의 존재는 부여국의 창고에 '예왕지인(濊王之印)'이라 새겨진 도장이 있고 부여에 예성(濊城)이란 이름을 가진 옛 성이 있었다는 『삼국지』「부여조」의 기록에서도 확인할 수 있으며 오늘날 중국 길림·장춘지역에도 부여국가 출현 이전에 이미 예족 정치집단이 존재하였음을 알 수 있다.

이들은 지역에 따라 맥족·부여족·한족(韓族) 등과 섞여 정치·문화적으로 다양한 정치집단들을 구성하였다. 예족과 가장 광범위하게 동화한 것은 맥족으로 한대(漢代)에 이미 예족과 맥족의 구분이 불분명해지고 맥족인 고구려를 예맥으로 통칭하는 경우가 많아졌다. 동해안 지역 예족의 뿌리는 동북지역 무문토기(無文土器)문화의 주인공들이다. 공렬토기(孔列土器)로 대표되는 동북지방의 무문토기문화는 서북한의 팽이형토기, 압록강 중하류유역의 미송리식토기, 서남부지역의 송국리형토기와는 다른 갈래를 형성하면서 동해안을 따라 남하하여 한반도 중부 및 동남부지역으로 확산되었다.

이들 동북지역의 무문토기인들은 기원전 3세기 이후에는 고조선의 세형동검문화와도 활발하게 접촉하였다. 기원전 2세기경에는 동해안 예족사회에 크고 작은 정치집단이 형성되었으며 이들 정치체가 임둔(臨屯)이다. 임둔은 기원전 2세기 초 위만조선에 복속되었다가 기원전 108년 위만조선의 멸망과 함께 한의 임둔군으로 편제되었다. 그러나 기원전 82년 임둔군의 15개 현 가운데서 일부는 현도(玄菟)군에 이속되고 나머지는 폐지되었다.

뒤이어 고구려지역에서의 토착세력의 저항으로 현도군마저 위협을 받자 기원전 75년 한은 현도군을 흥경(興京) 노성(老城) 방면으로 옮기고 현도군에 이속되었던 현 중에서 단단대령(單單大嶺)의 동쪽 7현은 낙랑군 동부도위(東部都尉)를 두어 관리토록 하였다. 동부도위 소속 7현 중 부조현(夫租縣)을 제외한 6현이 동예의 중심세력이었다. 임둔군의 치소는 동이(東暆)현에 있었으나 동부도위(東部都尉) 관할로 바뀌면서 다스리는 곳(治所)도 불내(不耐)현으로 옮겨졌다. 동부도위에 속했던 7현의 정확한 위치는 알 수 없으나 동예는 북으로 함경남도 정평에서 옥저와 경계를 이루었고 남쪽으로 평강·회양·강릉 등 강원도 북단 어느 지점에서 경계를 이루었을 것으로 추정된다.

이후 동부도위가 폐지되면서 7현은 한의 후국(侯國)으로 봉해져 각각 독립된 정치집단으로 존속하였다가 다시 고구려에 복속되었다. 기원후 3세기(242)에 들어와서 위(魏)나라는 고구려의 동천왕(東川王)이 요동군 서안평(西安平)을 공격하자 이에 대한 보복으로 관구검(毌丘儉)을 파병하여 고구려와 고구려에 복속된 옥저와 동예 등을 차례로 공략하였다. 그리하여 1차 공격 때(244)에는 현도태수 왕기(王頎)가 옥저로 도망간 동천왕을 추격하면서 마을들을 파괴하였고, 2차 공격 때(245)에는 낙랑태수 유무(劉茂)와 대방태수 궁준(弓遵) 등이 동예를 침략하여 그들을 항복시켰다. 이 사건 이후 동예의 각 현들은 고구려에 의해 다시 복속될 때까지 중국 군현과 우호적인 관계를 유지하였다.

## 2) 동예의 사회와 문화

동예의 인구는 2만호 정도로 삼한 각 소국의 규모와 비슷하다. 동예에는 여러 현을 통합한 보다 확대된 통치조직이 형성되지 못하고 독립된 정치집단으로 존속하였다. 한군현 설치 이후 동예의 각 현에는 현령(縣令) 또는 현장(縣長)이 파견되었는데 평양에서는 '부조장인(夫租長印)'이라는 은으로 장식된 인장을 부장한 부조현의 현장 고상현(高常賢)의 무덤이 발견된 바 있다. 한의 군현에는 공식적으로 태수·현령·현장 등의 지방관 및 행정을 담당한 속리(屬吏)가 있었으나 삼노(三老)라는 마을 우두머리를 임명하여 그들에게 협조를 구함으로써 토착사회와의 갈등을 조정코자 하였다.

동예에서는 지배계급의 거주지역이 일반인과 따로 분리되어 있지 않았다. 동예의 언어와 법속은 대개 고구려와 같았으나 의복은 차이가 있었으며 누에를 길러 명주를 생산하였고 옥과 구슬을 보배로 여기지 않았다고 한다. 그리고 동예의 특산물로는 단궁(檀弓)·반어피

(班魚皮)·문표(文豹)·과하마(果下馬) 등이 있었다. 동해안 예족사회의 주거형태는 움집이며 사람이 병들거나 죽으면 옛 집을 버리고 새 집을 지었다고 한다.

또한 동예인들은 청동기시대 이래 농업을 주된 생산기반으로 하였다. 이에 따라 10월에는 **무천(舞天)**이라 불리는 추수감사제의 하나인 제천행사를 거행하기도 하였다. 동예에는 **책화(責禍)**라는 풍습도 있었다. 즉, 동예인들은 산천을 중시하여 함부로 들어가지 않았는데 각 구역을 정하여 서로 침범하지 않았으며 만약 이를 어길 경우에는 소와 말, 노비로써 물어주었다고 한다. 또한 살인한 자는 죽음으로 벌을 받게 했다. 동예에서는 호랑이를 신으로 여겨 제사지내기도 했고 같은 씨족 내에서는 혼인을 하지 않는 **족외혼(族外婚)** 풍습이 있었다.

## 3) 옥저의 위치와 변천

『삼국지』「동옥저조」에 의하면 옥저는 개마대산의 동쪽 큰 바다에 접해 있으며 지형이 동북쪽은 좁고 서남쪽이 길어 천 리나 되고 북으로는 읍루(挹婁)·부여와 접하고 남으로는 예맥과 접한다고 하였다. 옥저는 동옥저로도 불렸으며 남과 북에 각각의 중심지가 있어 남옥저와 북옥저로 구분하였다. 북옥저의 지리적 위치에 대해서는 길림지역설, 백두산 북쪽지역설, 흑룡강 동북지역설, 두만강 남쪽지역설 등 다양하다. 북옥저의 중심지는 치구루(置溝婁)라고 하였는데 치구루의 위치에 대해서도 여러 가지 학설이 있으나 두만강 하류의 혼춘(琿春)설이 다수의 지지를 받고 있다. 남옥저의 중심지는 현재의 함흥지역으로 옥저성이 자리하고 있었으며 남옥저와 동예의 경계는 함경남도 정평 일대였을 것으로 추정된다.

남옥저의 중심지였던 함흥지역의 정치집단은 임둔의 중요세력의 하나였다. 임둔지역의 정치집단들은 기원전 2세기경 위만조선에 복속되었다가 기원전 108년 한군현으로 편제되었다. 이때 함흥지역에는 부조현이 두어졌으며 옥저의 이름은 부조현에서 비롯되었다. 부조현은 기원전 82년 임둔군의 폐지로 현도군에 소속되었다가 기원전 75년 현도군이 만주 홍경 노성 방면으로 이동한 후 낙랑군 동부도위에 소속되었다. 기원후 30년에 동부도위가 폐지된 후 일시 한의 후국(侯國)으로 봉해졌으나 기원후 56년 고구려 태조(太祖)왕의 동해안 진출로 옥저성은 고구려에 복속되었다.

한반도 동해안의 예족사회는 옥저와 동예로 나뉘어졌고 옥저성의 이름은 함흥 이북 동해안과 두만강유역의 주민을 통칭하는 옥저족의 개념으로까지 확대된 결과다. 함흥지역의 주민이 두만강유역의 주민과 합해져 동일한 종족단위로 인식된 것은 고구려의 동해안 진출과 밀접한 관계가 있다. 즉, 태조왕대로부터 3세기 중엽까지 지속되어온 고구려의 세력확장 결과 강원도 북부와 함경도 동해안 그리고 두만강유역이 모두 고구려의 지배하에 들어갔고 이러한 과정에서 남북옥저가 합해져 동옥저라는 단일한 세력집단 내지 종족집단처럼 나타나게 되었다.

그러나 245년에 발생한 위나라 군대의 옥저지역에 대한 공세로 인해 그의 기반이 무너지게 되었고 285년경 길림지역에 있던 부여국이 선비족 모용씨의 공격으로 인해 부여의 의려(依慮)왕이 자살하고 나라가 망하게 되자 왕의 자제와 중심세력들이 북옥저로 옮겨와 동부여세력을 형성하며 살게 되었는데 이후 410년에 고구려가 동부여를 멸망시킨 후 이 지역에는 고구려의 책성(柵城)이 두어졌다.

## 4) 옥저의 사회와 문화

옥저지역에는 구석기시대부터 사람들이 살았으며 신석기시대와 청동기시대 이래 한반도 동북지역 선사문화의 중심지로 발전하였다. 기원전 4~3세기경 고조선이 요동지역으로부터 대동강유역으로 중심지를 옮김에 따라 남옥저지역은 고조선의 세형동검문화와 본격적으로 접촉하였다. 이 시기에는 이미 각 지역별로 대소 규모의 정치체들이 형성되어 있었으며 이들이 지속적으로 성장 발전하여 옥저의 읍락들을 구성하였다.

그러나 옥저는 위만조선에 복속된 이래 한군현과 고구려 등 주변 강대세력의 지배를 받아 왔으므로 내부적으로 강력한 정치권력이 성장하지 못했다. 3세기 중반경에도 여러 마을들을 통합하여 다스리는 대군왕(大君王)은 없었고 각 마을마다 대대로 독자적인 통치자가 있었는데 각 마을의 우두머리들은 스스로 삼노(三老)라고 불렀다. 고구려에 복속된 뒤에는 옥저의 지배자들은 고구려 관직인 사자(使者)에 임명되어 고구려 대가(大加)의 지시를 받았다. 대가는 조세수납과 포(布)·물고기·소금 이외에도 각종 해산물을 바치도록 요구하고 미인을 징발하여 노비나 첩으로 삼았다.

옥저의 주된 생산기반은 농업이었다. 지형이 산을 등지고 바다를 향하고 있었으므로 해안지역에서는 해산물이 풍부하였고 토지가 비옥하여 오곡이 잘 자랐다. 북옥저지역에서도 일찍부터 잡곡농사가 행해졌다. 그러나 옥저에는 소와 말이 적고 창을 쥐고 보전(步戰)을 잘

하며 음식과 주거, 의복, 예절 등이 고구려와 비슷하였다.

옥저의 장례풍속과 혼인풍속을 보면 먼저 장례풍속의 경우 옥저에서는 길이가 길고 큰 나무 곽을 만들어 한쪽에 문을 만들어 두었다가 사람이 죽으면 가매장을 하여 살이 다 썩으면 뼈만 가려 곽(槨) 속에 안치하였다고 한다. 곽은 가족 공용이며 죽은 사람의 숫자대로 나무로 사람의 모습을 새겨두고 질그릇 솥에 쌀을 담아 곽의 문에 매달아 놓았다고 한다.

혼인풍속은 신랑의 집에서 혼인을 약속한 여자를 데려다 장성하도록 기른 후 며느리로 삼는 민며느리제(豫婦制)였다. 여자가 성인이 되면 자기 집으로 다시 돌아가 신부의 가족들이 신랑집에 돈을 요구하고 돈이 지불된 후 신랑집으로 다시 돌아갔다고 한다. 이러한 혼인풍속은 신랑이 혼인 후 첫 아이가 태어날 때까지 여자의 집에 와서 함께 지내며 각종 대가를 치르도록 하는 고구려 데릴사위제(壻屋制)와는 다르다. 옥저의 주거지는 반수혈식으로 주춧돌을 사용하여 기둥을 세웠으며 부뚜막과 아궁이, 난방시설이 갖추어져 있었다. 특히 북옥저인들은 읍루인들이 배를 타고 와서 노략질하는 것을 두려워하여 여름철에는 산속 바위굴에서 지내고 뱃길이 통하지 않는 겨울철이 되어서야 마을에 내려와 살기도 하였다고 한다.

## 참고문헌

이기백 · 이기동, 『한국사강좌 I』, 일조각, 1982.
국사편찬위원회, 『한국사 4』, 1997.
서의식 · 강봉룡, 『뿌리 깊은 한국사 샘이 깊은 이야기』, 솔, 2002.

# 06

삼한(三韓)의
형성과 발전

## 1) 삼한과 진국(辰國)

삼한은 **마한(馬韓) · 변한(弁韓 · 卞韓 · 弁韓 · 辨韓) · 진한(辰韓)**을 뜻하며 대략 기원전 2세기에서 기원후 3세기경까지 한반도 중남부지역에 거주하던 정치집단을 말한다. 마한은 54개국, 변한과 진한은 각각 12개의 나라들로 구성되어 있었다. 삼한의 여러 나라들은 모두 한(韓)이라고 불리던 토착사회가 발전한 것이다.

즉, 기원전 2세기경에 한반도 서북지방의 위만조선과 함께 중부 이남지역에는 마한 출신의 진왕이 다스리던 옛 진국이라는 정치집단이 있었다. 그런데 진국이 중국 한나라와 직접 통교하려고 하자 위만조선이 방해하면서 뜻을 이루지 못했던 사실이 있다. 그리고 위만에게 나라를 빼앗긴 조선(기자조선)의 준왕(準王)이 남쪽으로 달아났을 때 이미 그곳에는 정착해 살던 사람들이 있었는데 준왕이 이들을 격파하고 스스로 한왕(韓王)이라 칭했던 사실 등에서 알 수 있다. 그러나

이 진국은 위만조선의 멸망과 한 군현의 설치 이후 더 이상 우리 역사 속에 등장하지 않게 되었다. 그 대신 중부 이남지역의 정치집단들은 한(韓)으로 불리게 되었다.

진국은 청동무기 못지않게 청동거울과 청동방울 등을 권위의 상징물로 소중하게 여기고 물리적인 힘보다 제사장의 권위와 능력을 권력의 주요 토대로 삼는 이른바 제정일치의 사회단계였을 것으로 판단된다. 그런데 기원전 2세기 말엽부터 기원전 1세기에 이르러 본격화되기 시작하는 철기문화의 유입으로 철 자원 개발과 제작보급이 광범위하게 이루어지고 서북한지역의 정치적 변동으로 상당수의 유이민들이 중부 이남지역으로 들어오게 된다. 이로 인해 청동기의 제작과 관리 및 교역의 중심지로서 광범위한 영향력을 행사하던 진왕의 기능이 상대적으로 쇠퇴하고 철자원이 풍부한 경상도지역을 중심으로 새로운 정치 경제적 구심점이 형성되면서 중부 이남지역 토착사회 전반에 걸쳐 중요한 정치 문화적인 변화가 진행되었던 것으로 보인다. 여기에서는 지역에 따라 시간적인 선후의 차이가 있었을 것이고 국가가 형성되는 직접적인 계기 역시 다양하였을 것으로 판단된다.

마한지역은 진한과 변한지역에 비해 인구도 많고 세형동검문화 단계에서는 정치 문화적인 발달정도도 선진적이었다. 금강과 영산강유역에서는 정치적인 권위와 경제적인 부의 상징인 청동제품들을 다량으로 부장하는 무덤(墳墓)들이 집중 분포되어 있는 것이 이를 증명한다. 그러므로 마한 제국들 중에서는 한강유역의 백제국(伯濟國)과 같이 상대적으로 늦은 시기에 성립된 것도 적지 않을 것이나 상당수는 기원전 3~2세기경 충남과 전라도지역에 성립되어 있었던 정치집단들이 진국의 해체 이후에도 개별적인 성장을 지속하여 마한의 주요 국으로 존속 발전해간 것으로 볼 수 있다. 이에 비해 경상도지역에서는 기원전 1세기부터 다량의 철기를 부장하는 토광목관묘(土壙木棺墓) 유적들이 급격하게 증가하면서 새로운 정치권력의 형성과 계층분화 현상을 시사한다. 특히 경주·대구·김해 등지에서 집중 출토되는 이 시기의 금속제유물들은 이전 단계와 다른 새로운 정치·문화적 상황의 전개를 반영한다.

## 2) 삼한의 정치

### (1) 삼한의 정치권력

삼한의 각국은 **국읍(國邑)**과 다수의 **읍락(邑落)**들로 구성되어 있다. 읍락은 사람들이 거주하는 곳으로 '국'은 지배적인 읍(邑)을 뜻한다. 그러므로 '국읍'이란 다수의 읍락들 중에서도 중심적 기능을 발휘하는 대읍락(大邑落)으로 해석될 수 있으며 삼한의 각국은 대소의 읍락들로 구성된 정치집단이라 하겠다. 사로국의 6촌장과 백제국의 10신(臣), 구야국의 9간(干) 등이 통솔하는 집단이 바로 여러 나라를 구성한 읍락에 해당된다. 각지에 성립되어 있던 개별적인 집단들인 이들은 철기문화의 확산과 유이민의 이동이라는 정치·문화적인 변화에 대응하여 지연에 바탕을 둔 보다 확대된 정치집단으로 통합 발전시켜 나갔다.

국읍은 나라의 중심지로서 '**주수(主帥)**'가 통치하였다. 그 밖의 읍락에도 거수(渠帥)가 있었는데, 큰 세력을 가진 이를 '**신지(臣智)**'라

하였고, 그 다음으로는 **'험측(險側)'·'번예(樊濊)'·'살해(殺奚)'·**
**'읍차(邑借)'** 등으로 불리었다. 삼한의 여러 나라들은 고유한 국명을
가진 정치집단이었는데, 이는 이들이 국읍을 중심으로 단일한 지배자
를 세우고 대외적으로 통합된 정치체로 기능하고 있었기 때문이다.

주수의 가장 중요한 임무는 첫째, **경제적 활동**이다. 각지의 정치집
단들 간에 교역활동이 활발해지고 교역대상과 교역품의 내용도 훨씬
다양해지면서 효율적인 교역의 수행과 교역품 관리를 위해서 조직적
인 기구를 필요로 하였으며 그 결과 여러 읍락을 대표하여 국읍의 주
수가 각종의 대외교역활동을 주관하게 되고 이 과정에서 읍락들을
결속시켜 자신의 통치기반을 유지시키는 중요한 역할을 수행하게 되
었던 것이다.

둘째, **전쟁이 발생했을 때 공동 방어의 책임**을 져야 했다. 삼한 지
역의 지배자들 무덤에서는 다량의 무기가 출토되었고 삼한 각지의
취락 주변에 설치된 방어시설로 목책과 환호유적들이 발견된 바 있
다. 이 같은 무기와 방어시설의 존재는 각국이 전쟁을 벌였다는 증거
이며 이는 읍락 간의 결속을 다지면서 국읍 주수의 통치기능을 강화
시키는 작용을 하게 된다.

셋째, **제천의식을 거행**하였다. 삼한에서는 귀신을 믿었는데 국읍에
는 천군(天君)이 있어 천신(天神)에 대한 제사를 주관하였다. 이 제사
의식의 목적은 정치·경제의 중심지인 국읍의 주도하에 신께 제사를
지냄으로써 읍락 간의 결속을 다지고 이를 통해 주수의 정치적 한계
를 보완하려 한 것이라 볼 수 있다. 물론 삼한의 정치적 지배자는 이
미 제사장의 권위를 이용한 정치권력의 행사가 아니라 세속적인 힘
을 바탕으로 하는 이른바 제정분리의 사회단계로 발전하였고 주수의

권력기반은 경제적인 부와 군사력에 기반하고 있었다. 그러나 삼한은 읍락별 독자성이 강한 반면 여전히 국읍과 읍락 간의 격차가 그리 크지 않아 비록 국읍에는 주수가 있었으나 읍락에 함께 살았고 통제도 잘되지 않는 상태가 지속되었다.

## (2) 연맹체의 형성

마한지역에는 기원전 2세기경에 이미 세형동검문화 단계의 정치집단들을 다수 포괄하는 진국이라는 구심체가 있었다. 그러나 기원전 1세기 이래의 정치 문화적 변동 속에서 기존의 결집력이 약화되면서 개편과정을 겪게 되었다. 그간의 변화에 대해서는 자세히 알 수 없지만 이 지역에서는 목지국(目支國) 진왕(辰王)을 중심으로 하는 마한연맹체와 함께 한강유역의 백제(伯濟)국 중심의 연맹체의 존재가 확인된다.

백제국 중심의 연맹체는 기원후 2세기 이래 중국 군현과의 대응관계 속에서 성장 발전해갔다. 즉, 후한 말의 혼란기에 중국 군현의 통제력이 약화되자 경기도 북부의 정치집단들은 백제국을 중심으로 흡수 통합되어 갔던 것이다. 그러나 204년에 대방군(帶方郡)의 설치로 북쪽의 일부 세력들이 분할되어 나갔고 이어지는 조위(曹魏)의 분할정책, 즉 조위(曹魏)는 낙랑·대방 2군을 회복한 후 삼한 내 토착세력들과 개별 접촉을 시도하는 한편 부종사(部從事) 오림(吳林)으로 하여금 대방군 관할의 진한 8국을 떼어 낙랑군에 배속시키려 한 일로 인해 한(韓)의 신지(臣智)가 이에 격분하여 246년경 대방군 기리영(崎離營: 황해도 평산)을 공격, 대방태수 궁준(弓遵)을 전사시키기도 하였다.

이때 공격의 중심적 역할을 한 나라에 대해서는 백제국으로 보기도 하고 목지국으로 보기도 한다. 목지국의 위치에 대해서는 인천설·충남 직산설·충남 예산설·전남 나주설 등으로 다양하다.

그런데 백제국이 수도를 한강 남쪽으로 옮기고 남부지역으로 영향력을 확대시켜 나가면서 진왕의 목지국과 경쟁관계를 조성하기도 하였다. 그러나 마한의 연맹체는 결속 기반이나 구성면에서 완만한 관계로 구성되어 있어서 진왕이 스스로 왕이 될 수 없었다. 즉, 진왕은 기본적으로 맹주국의 수장이 계승하는 것이 원칙이라 하더라도 마한을 구성한 여타 국가들의 동의와 지지가 필요하다는 것을 의미한다. 진·변한 지역에서도 2세기 후반 전후로 경상도지역의 여러 나라들 간에 맹주국을 중심으로 한 연맹체가 형성되고 있었다. 즉, 진한에서는 경주 사로국(斯盧國)을 중심으로, 변한에서는 김해 구야국(狗耶國)을 중심으로 연맹체를 형성하고 있었던 것이다. 그러나 이들은 진왕에 속해 있었고 마한의 통제를 받고 있었다.

## 3) 삼한의 경제

삼한은 토지가 비옥하여 주민들이 정착생활을 하였고 오곡과 벼를 재배하였으며 누에와 뽕나무를 길러 비단을 생산하였다. 특히 변한의 베(布)는 폭이 넓고 섬세하여 낙랑에 수출되어 낙랑산 비단의 원료로 사용되기도 하였다. 또한 진·변한지역은 철자원이 풍부하여 제철과정을 거친 철기제작원료가 마한·동예·왜·낙랑군·대방군 등지로 수출되었으며 철이 화폐처럼 각종 교역활동의 매개물로 사용되었다. 삼한에서 대부분의 읍락민들은 농경에 종사하고 있었지만 철 생산과 토기제작 분야에서는 이미 전문인이 등장하고 있었다. 철기는 생산지가 국한되어 있었고 전문적인 제작기술을 필요로 하는 분야였으므로 처음부터 소수집단에 독점생산되었다고 볼 수 있다. 토기 역시 일부는 전통적인 가내생산에 의존하고 있었으나 높은 온도의 경질토기가 새로이 생산되기 시작하면서 서서히 전문화가 진행되고 있었다.

삼한의 주된 경제기반은 농경이었다. 조·콩·보리·밀·팥 등 밭작물이 재배되고 있었으며 삼한지역은 기후와 토양이 벼 재배에 적합하여 벼농사가 특히 발달하였다. 삼한의 농업생산의 기술적 토대는 청동기시대에 이래의 따비와 괭이 중심의 농경기술이 발전한 것으로 철기의 보급에 의해 목제농기구가 점차 철제로 전환되면서 생산력이 확대되기도 하였다. 삼한의 철제농기구들은 공통적으로 철제무기와 함께 여러 가지 사치품들이 풍부하게 부장된 대형분묘에서 출토되었는데 이는 생산도구 그 자체가 중요한 자산일 뿐 아니라 무기 못지않게 정치적 권위와 경제적인 부의 상징으로 간주되었다는 증거로 볼수 있다. 철제농기구의 보급은 계층 간의 격차를 심화시키고 지배집단의 권력기반을 확대시키는 결과를 가져왔다. 그리고 농업생산력의 증대와 잉여생산물의 급속한 축적은 집단 간의 교역을 활성화시키고 사회·경제적 성장을 촉진시키는 중요한 요인으로 작용하기도 하였다.

## 4) 삼한의 사회와 문화

삼한은 이미 계층분화가 상당히 진행된 사회였다. 국읍의 주수를 비롯하여 읍락의 거수들은 정치적인 권력과 경제적인 부를 누리면서 지배계층으로 성장하였다. 이들은 효율적인 생산도구를 집중적으로 소유하고 대외교역을 독점함으로써 자신들의 권력기반을 확대해나 갔다. 이들은 한인(漢人)과의 접촉에서 제한적이나마 한자를 이해하였고 생활용기로 철기를 사용하였으며 수정이나 유리로 만든 장신구로 몸을 치장하였다. 또한 이들은 일반인들과 다른 특이한 능력을 소유한 인물일 것을 요구받고 있었다. 진한 사로국의 남해차차웅(南解次次雄)과 같은 지배자는 원래 제사장이었으며 석탈해는 철을 다루는 야장(冶匠) 출신인 동시에 신비한 능력을 가진 인물이었다.

삼한의 대다수 주민들은 읍락의 구성원으로서 존재하고 있었는데 이들을 하호(下戶)라고 불렀다. 부여와 고구려에서는 읍락민의 계층분화가 크게 진전되어 노비와 비슷한 상태로 몰락한 농민을 가리키는 뜻으로 하호라는 용어가 사용되기도 하였다. 낙랑군과 대방군에 가까운 하호들은 중국제 의복과 모자를 빌려 쓰고 군현과의 교역에 참여하기도 하였으며 2~3명의 부인을 거느린 사람들도 있었다. 삼한의 읍락에는 하호 외에 노비가 있었다. 이들은 농업생산활동에 종사하기도 하였는데 형벌을 받은 자, 채무를 갚지 못한 자, 전쟁포로 등이 노비로 전락되는 경우가 많았다.

삼한의 주거는 마한의 경우 풀들을 지붕 위에 얹고 땅을 판 움집에서 살았는데 그 모양이 마치 무덤과 같았으며 출입구가 위에 있었다. 진변한의 경우 나무를 횡으로 쌓아올려 집을 지었는데 그 모양이 마치 중국의 우리 내지 감옥과 같았다. 방어시설로는 진변한의 경우 성책(城柵) 또는 성곽(城郭)이 있었는데 기본적으로 무문토기시대 이래의 목책과 환호의 전통을 이은 것이며 중국 군현과의 접촉을 통해 토성(土城)에 대한 지식이 알려지면서 토루(土壘)를 쌓아 목책을 보강한 형태였던 것으로 보인다. 삼한에는 노동력동원과 축조작업의 주관장인 관청(官家 - 공무를 집행하는 곳)이 있어 방어시설의 축조가 정치적 지배자에 의해 주도되었다. 성곽 축조를 위해서는 대규모의 노동력이 필요하며 노동력 동원 범위가 광범위하므로 이를 뒷받침할 수 있는 행정력이 필요하다. 그러므로 복합적인 방어시설은 정치·경제활동의 중심취락에 국한되었던 것이다.

삼한에서는 비단과 베를 생산하였는데 두루마기와 짚신, 가죽신 등을 즐겨 입고 신었다고 한다. 또한 삼한에서는 구슬(玉)을 소중하게 여겨 옷에 장식하거나 목걸이와 귀걸이로 달고 다녔다고 한다. 구슬을 소중하게 여기는 것은 청동기시대 이래의 습속으로 청동기시대인들이 착용한 대롱구슬이나 구슬로 만든 목걸이는 단순한 장식이 아니라 청동거울과 함께 권위를 나타내는 중요한 상징물이었다. 그러나 삼한시대에 이르면 그러한 주술적인 의미는 상대적으로 줄어들었다.

삼한에서는 씨를 뿌리는 5월과 추수하는 10월 두 차례에 걸쳐 귀신에게 제사지냈는데 이때 사람들이 모여 춤을 추고 노래를 불렀고 술을 마시면서 밤낮으로 즐겼다고 한다. 또한 수십 인이 서로 동작을 맞추어 땅을 밟으면서 몸을 낮추었다 올리는 동작의 춤을 추었다. 여기에서 땅을 밟는 동작은 하늘과 땅의 신을 즐겁게 하고 땅의 생육력을 높여 풍요를 기원하는 곡식의 신령(穀靈)을 포함한 땅의 신령(地靈)에 대한 제사의식에 속한다. 삼한에는 소도(蘇塗)신앙이 있었다. 각 국에는 별도의 마을이 있어 소도라 하였는데 큰 나무를 세워 북과 방울을 달아 놓고 귀신을 섬겼으며 사람들이 이곳으로 도망가면 잡아올 수 없었다. 소도에 대해서는 ⅰ) 경계표지를 겸하여 마을의 경계선 내지 마을의 수호신을 모시는 곳이라는 해석이 있는가 하면, ⅱ) 삼한의 천군이 있는 곳인 동시에 봄과 가을에 걸쳐 천군이 농경의례를 거행하던 곳이라는 해석도 있고, iii) 읍락단위의 마을제사에서 발전한 것으로 여러 읍락에서 거행하던 개별적인 제사행위를 하나로 묶은 것이라는 해석도 있다.

진변한인은 섞여 살았고 의복이나 주거가 같았으며 언어 법속도 서로 닮았으나 귀신을 섬기고 제사지내는 것은 서로 달랐다고 한다. 이는 진한과 변한이 종족적으로나 문화적으로 동일한 기반을 가지고 있었으나 종교적인 측면에서는 서로 다른 점이 있었다는 의미라 하겠다. 무덤양식(墓制)은 관(棺)은 있으나 곽(槨)은 없었는데, 이는 지하에 장방형의 흙구덩이를 파고 나무로 만든 관에 주검을 매장하는 '토광목관묘(土壙木棺墓)'를 말한다. 또한 독무덤(甕棺墓)을 널리 사용하였는데 독무덤은 지표상에 얕은 구덩이를 파고 일상생활에서 사용하는 토기를 서로 맞대거나 뚜껑을 덮어 관으로 사용하여 시체를 매장하는 방식이다. 특히 마한에서는 영산강유역을 중심으로 한 지역에서 옹관묘의 비중이 컸는데 독을 매장한 대형의 봉토분이 유행하였다. 이 밖에도 진변한에서는 편두(褊頭)라는 풍습이 있었는데 이는 아이가 태어나면 돌로 머리를 눌러 납작하게 만드는 방식을 말하며 장례 때에는 새의 깃털을 묻어 죽은 자의 영혼이 날아오르기를 기원하기도 하였다고 한다.

# 참고문헌

이병도, 『한국고대사연구』, 박영사, 1976.
이기백 · 이기동, 『한국사강좌Ⅰ』, 일조각, 1982.
이현혜, 『삼한사회형성과정연구』, 일조각, 1984.
한국고대사연구회 편, 『삼한의 사회와 문화』, 신서원, 1995.
국사편찬위원회, 『한국사 4』, 1997.
서의식 · 강봉룡, 『뿌리 깊은 한국사 샘이 깊은 이야기』, 솔, 2002.

# 07

## 고구려(高句麗)의
## 정치와 사회

## 1) 고구려의 기원

고구려의 시조설화 혹은 건국설화인 주몽신화는 고구려인이 직접 남긴 자료가 전해지고 있어 고구려의 성립과정을 밝히는 데 있어 중요한 내용이다. 주몽신화는 기본적으로 부여의 동명신화(東明神話)에 바탕을 두면서 고구려왕실의 입장을 반영한 것이다. 그렇기 때문에 고구려의 건국신화는 부여의 건국신화와도 그 내용이 유사하며 비록 주몽의 출자를 비롯하여 세부내용에 있어서는 전승마다 약간씩 차이가 있지만 전체 줄거리는 비슷하다.

고구려의 시조신화 혹은 건국신화는 『삼국사기』와 『삼국유사』, 『동명왕편(東明王篇)』[1] 등의 역사자료와 함께 중국의 역사서인 『위서(魏書)』[2] 등에도 그 내용이 실려 있다. 고구려 당대에 기록된 것으로는

---

1) 고려시대 사람인 이규보(1168~1241)가 26세 되던 명종(明宗) 23년(1193)에 『구삼국사』를 읽고 고구려 동명왕본기에 감동하여 지은 장편 서사시이다.
2) 북제(北齊) 문선제(文宣帝) 천보(天保) 2년(551)에 위수(魏收)가 왕명을 받들어 편찬한 사서. 북위(北魏)의

5세기 초반(414)에 건립된 「광개토태왕릉비(廣開土太王陵碑)」의 첫머리에 시조 추모(鄒牟)에 대한 이야기가 간략하나마 나타나고 있다.[3] 『삼국사기』의 주몽신화도 물론 고구려시대로부터 전해져 온 고기(古記)에서 우선 『구삼국사(舊三國史)』에 수록되었고 그것이 김부식(金富軾)에 의해 재정리되어서 기록된 것으로 보이나 고기가 언제 만들어졌는지 알 수가 없다.

고구려의 건국자인 주몽은 그의 시호가 동명성왕(東明聖王)이다. 시호(諡號)란 왕과 같이 지위가 높은 사람이 죽게 되었을 때 그를 추모하기 위해 붙여준 일종의 별칭이라 하겠다. 그런데 고구려의 주몽은 부여의 건국자인 동명과 동일한 시호를 갖고 있다. 또한 주몽이 북부여에서 남하해 기원전 37년에 건국하는 과정의 주몽신화가 부여의 건국신화인 동명신화와도 흡사하다. 이는 고구려가 부여와 같은 문화 배경 하에서 성장했음을 알려주는 부분이며 아울러 고구려의 건국주도세력이 부여에서 떨어져 나온 집단임을 이해할 수 있다.

주몽신화는 대체로 '천제(天帝)와 수신(水神)의 혈통을 이어받은 주몽이 하늘신과 지모신(地母神)으로부터 부여받은 신적 권능을 가지고 여러 곤경을 극복하면서 졸본지역에 정착하여 고구려를 건국하였다.'는 내용으로 이루어져 있다. 이러한 내용은 고구려 건국의 정당성을 강조하고 고구려왕들의 통치행위를 정당화하려는 의도에서 나온 것

---

건국부터 동위(東魏) 효정제(孝靜帝)까지 165년간의 역사를 기록했다. 열전 가운데 고구려조는 건국부터 양원왕 10년(549)경까지의 사실을 기록하였는데 당대 사료를 많이 이용하였으므로 사료적 가치가 높다.

3) 「광개토태왕릉비」는 고구려 제19대왕인 광개토태(대)왕의 공적을 기리기 위해 그의 아들 장수왕(長壽王)이 비문을 세운 것이다. 현재 중국 길림성 집안현에 위치하는 비의 높이가 6.3m에 이르고 그 네 면에는 1,800 여자가 새겨져 있다. 내용은 크게 세 부분으로 나뉘어지는데 고구려의 건국신화 및 시조로부터 광개토왕에 이르는 계보와 광개토태왕의 업적, 왕릉을 지키는 수묘인(守墓人)에 관한 규정을 밝히고 있다. 광개토태왕은 '永樂太王'이라고도 불려졌다. 그는 살아생전에 고구려의 영토를 가장 넓게 확장한 공으로 시호가 '국강상광개토경평안호태왕(國岡上廣開土境平安好太王)'이라 했는데, 광개토태왕이나 호태왕(好太王)은 그러한 시호의 약칭이라 하겠다.

이다.

「광개토태왕릉비문」에 보이는 고구려 건국신화에는 엄리대수(奄利
大水)를 건너 비류곡(沸流谷)의 홀본(忽本)의 서쪽 산 위에 도읍을 세웠
다고 하였다. 여기에서 엄리대수는 엄시수·엄호수·시엄수(施掩水)·
엄체수 등으로도 표현된 지금의 송화강을 말한다. 또 홀본서성이『위
서』에서는 흘승골성(紇升骨城)으로도 되어 있는데 이는 중국 요녕성
환인지방의 **오녀산성(五女山城)**4)으로 추정되는 곳이다. 그 뒤 고구
려 제2대 임금인 유리명왕(琉璃明王) 때에 지금의 중국 길림성 집안현
에 위치한 **국내성(國內城)**5) 일대로 도성을 옮기게 된다. 따라서 고구
려의 실제 건국자는 유리명왕 또는 유리왕으로 볼 수 있다.

---

4) 오녀산성은 환인지방의 혼강(渾江) 서쪽 인근에 있는 해발 820m인 오녀산 정상부를 둘러싼 돌담을 말한
다. 동서길이가 대략 300m, 남북 길이는 1,000m 정도이다. 성문은 남쪽에 하나만 남아 있다. 성 안은 넓
고 평탄하며 중앙부에 샘이 있는데 사람들은 보통 소천지(小天池)라 한다.

5) 국내성은 압록강변 通溝 분지에 돌로 쌓아 만든 성이다. 현존하는 성의 길이는 동서 약 700m이고 남북길
이가 약 600m 내외인 방형의 평지성이다. 성벽에는 바깥으로 돌출된 부분이 있는데 이를 치(雉) 혹은 치
성(雉城)이라 부른다. 주로 성벽에 달라붙은 적을 공격하는 데 이용되는 곳이다. 그런데 국내성은 원래 돌
로 만든 성이 아니었다. 석성 아래에서 발견된 토성(土城) 흔적이 그 증거인데 그곳에서는 중국의 전국시
대에 만들어진 배수구유적과 유물들이 다수 발견되었고 이것이 아마도 중국 한사군의 하나인 현도군의
고구려현(高句驪縣)이 있었던 곳으로 추정해 볼 수 있다. 현도군은 기원전 108년 한이 위만조선을 멸망시
키고 낙랑군·진번군·임둔군을 설치한 다음 기원전 107년에 설치했던 군으로 현도군의 여러 현 가운데
고구려현이 존재한다. 이 고구려현은 토착주민으로 구성된 것이고 그 명칭은 그들 언어로 城을 의미하는
溝漊의 句驪에서 유래한 것이라 보여진다. 따라서 주몽이 남하하여 고구려를 건국하기 이전인 기원전 2
세기 후반부터 압록강 중류지역에는 이미 독자적인 정치세력이 있었고 주몽은 이들 선주세력을 규합·통
제하여 좀 더 강력한 정치세력으로 나아가게 되었다고 볼 수 있다. 그리하여 기원전 75년 현도군은 주몽
세력에 의해 떠나가게 된 것이다.

〈사진 1〉 오녀산성

『삼국사기』「고구려본기 유리명왕조」에 의하면 유리는 주몽이 부여에 있었을 때 얻은 부인이 주몽의 독신 남하 후에 낳은 아들이다. 부여에서 아비 없는 자식이란 멸시를 당하던 유리는 아버지가 낸 수수께끼를 풀어 주춧돌 아래 숨겨진 칼 조각을 찾아낸 뒤 남녘에서 왕이 된 아버지 주몽을 찾아갔다고 한다. 아버지 주몽과 마찬가지로 유리도 옥지(屋智)·구추(句鄒)·도조(都祖) 등 3명과 함께 남하했으며 주몽을 만나 태자에 책봉된 뒤 왕위를 이을 수 있었다.

주몽이 부여방면에서 남하하기 이전부터 졸본지역에는 졸본부여와 같은 선주토착민이 있었다. 그러다 보니 졸본이 위치한 지역에서는 일찍부터 토착세력의 성장과 주몽과 같은 이주집단의 유입, 토착세력과 이주민집단의 결합이라는 정치적 움직임이 활발히 전개되었

〈사진 2〉 고구려고분군 전경

다고 하겠다. 이러한 정세변화와 함께 철기문화의 등장으로 인해 만주지역에서는 독자적인 문화를 형성하게 되는데 고구려의 묘제인 적석총(積石塚)[6]은 이를 상징적으로 보여준다.

고구려의 적석총은 주로 고구려의 초기건국지인 요녕성 환인지방과 유리명왕 22년(기원후 3년)에 국내성으로 천도한 압록강 유역의 집안지역에 주로 분포하고 있는데 그 수가 압도적으로 많으며 고구

---

6) 적석총이란 말 그대로 돌을 쌓아 만든 무덤이다. 우선 바닥에 돌을 몇 겹 깐 다음 구획된 장소에 시체를 놓고 다시 돌을 쌓아 완성하는 형식의 무덤인데 강이나 하천에서 사람머리 혹은 소머리 크기의 돌을 구해 쓰는 게 보통이지만 대형 석재를 가공해 사용하는 경우도 있다. 무덤의 양식은 시기별로 조금씩 변해 일정치 않다. 처음에는 대부분 기단(基壇)이 없거나 있더라도 1단에 그쳤지만 나중에는 평면 사각형의 기단을 3층 이상 계단식으로 올림으로써 마치 피라미드의 한 부분을 연상케 한다. 적성총의 대표적인 예로는 광개토왕릉으로 알려진 태왕릉(太王陵)과 장군총(將軍塚)을 들 수 있다. 특히 태왕릉은 밑변의 길이가 60m를 넘는 대형의 계단식 적성총으로 맨 위의 7층에 묘실을 만들어 시체를 안치했는데 무덤의 돌무더기에서 '태왕릉이 안정되고 단단하기가 산 같기를 바랍니다.'라는 뜻의 한자명문이 새겨진 벽돌이 발견된 바 있다. 장군총은 밑변의 길이가 30m이며 높이는 14m인데 전체 7개의 기단 중 제5단에서 횡혈식석실(橫穴式石室)을 만들었다. 횡혈식석실이란 돌로 무덤 안을 마치 방처럼 만들고 바깥으로 통하는 길 혹은 복도를 낸 무덤형태이다.

〈사진 3〉 국내성 성지

려의 또 다른 묘제인 봉토석실분(封土石室墳)[7] 역시 이들 지역에 분포하고 있으나 주로 후기 도읍지인 평양의 대동강·청천강 상류지역에 분포하고 있다.

고구려라는 국명은 예맥어의 성(城)을 뜻하는 '구루(溝漊)'에서 유래된 '구려(句驪·句麗)'라는 명칭으로부터 비롯되는데, 구루(Khuru)는

---

7) 봉토석실분은 돌로 만든 방을 흙으로 덮은 무덤이다. 고구려의 봉토석실분은 대체로 땅을 파지 않고 지표 위에 석실을 마련한 다음 흙을 씌우는 방식인데 위에서 내려다 본 무덤의 외형이 둥근 원형분도 있고 네 모진 방대형분도 있다. 봉토석실분 중에는 석실 내부에 벽화를 그린 이른바 벽화고분이 꽤 발견된다. 대동강가의 안악 3호분은 그중 가장 이른 시기에 만들어진 벽화고분으로 마치 대문과 행랑채, 사랑채, 안채 와 부속건물, 사당 등으로 구성된 일반 가정집을 옮겨다 놓은 듯하다. 실제로 사랑채라 할 전실에는 노래 하고 춤추는 인물을 그려놓았고 안채와 부소건물이라 할 측실에는 주인부부의 초상화와 시종들 및 부엌 과 마구간 등이, 사당이라 할 현실과 회랑에는 250여 명의 대형행렬도가 그려져 있다. 고구려 고분벽화의 특징은 먼저, 장소에 따라 그림의 내용을 맞추는 방법이다. 벽면에는 현세적인 그림을, 그리고 천장에는 해와 달, 별 등의 내세적인 상상도를 표현하였다. 다음으로는 지위의 높고 낮음에 따라 인물형상의 크기 를 조절하였다. 즉, 지위가 높은 사람은 크게 그리고 지위가 낮은 사람은 작게 그리는 방식이다. 이외에도 고구려의 고분벽화 가운데 사신총(四神塚)이 유명한데 사신은 동쪽에 청룡(파랑)을, 서쪽에 백호(하양)를, 남쪽에 주작(빨강)을, 북쪽에 현무(검정)를 사방에 배치하여 피장자를 지킨다는 의미가 담겨져 있다.

고구려지명에 흔히 붙는 홀(忽) 또는 골(骨)과 같은 말이다. 『한서(漢書)』「왕망(王莽)전」에는 고구려후(高句驪侯) 추(騶)라는 정치집단이 등장하고 있고, 『후한서(後漢書)』에는 「고구려(高句驪)전」과 함께 「구려(句驪)전」이 따로 마련되어 있는데 대수(大水)유역에 사는 구려(句驪)는 대수맥(大水貊), 소수(小水)유역에 사는 구려별종은 소수맥(小水貊)이라 하여 고구려 또는 구려를 맥인(貊人)이라 부르고 있다.

이처럼 중국인들은 고구려인들을 맥(貊)족에 속하는 종족으로 이해해 왔다. 그런데 '맥'은 원래 중국북방에 거주하던 종족에 대한 명칭이었다. 그러다가 고조선을 둘러싼 주변 정치세력과 주민집단을 통칭할 때 '예맥(穢貊)'이라는 명칭을 사용하게 되었고 원래 중국의 북방 종족에 대한 명칭이던 맥이 '예(穢)'라는 명칭과 결합하여 중국 동북방에 거주하던 예족 일반에 대한 표현으로 바뀌었던 것이다.

고구려를 이룬 종족도 예족 혹은 예맥족의 일부로 인식되었다. 그러다가 이들은 점차 주변 예맥사회와 구별되는 정치집단을 형성하게 되었고 이들 정치세력은 처음에 구려라는 명칭으로 불리었으며 이것이 고구려라는 국가명으로 고정되면서 기원을 전후한 시기부터 점차 맥(貊)이라는 종족명으로 불렸던 것이다. 고구려를 형성한 종족이 예맥족에서 분화되었다는 것은 3세기경 고구려의 언어와 법속이 부여·옥저·동예와 비슷하다는 사실에서도 알 수 있다.

## 2) 부족연맹체제 – 5부

『후한서』를 비롯한 중국 측 기록에 의하면 고구려에는 내부(內部)로서 황부(黃部)인 **계루부(桂婁部)**, 북부(北部)로서 후부(後部)인 **절노**

부(絶奴部), 동부(東部)로서 좌부(左部)인 **순노부(順奴部)**, 남부(南部)로서 전부(前部)인 **관노부(灌奴部)**, 서부(西部)로서 우부(右部)인 **소노부(消奴部)** 등 모두 5부의 부족연맹체로 구성되어 있었다. 처음에는 소노부인들이 왕위에 올랐다. 그러나 시간이 지나면서 왕위는 계루부인들에 의해 장악되었고 왕은 대대로 절노부의 여인을 왕비로 맞아들이게 되었다고 한다.

이에 반해『삼국사기』에는 고구려의 5부를 **비류나부(沸流那部)·환나부(桓那部)·관나부(貫那部)·연나부(椽那部)** 등으로 기술하였다. 여기에서 나(那)는 노(奴)와 함께 모두 물가나 계곡을 의미하는 용어다. 이들 용어는 내(內)라든지 양(壤·襄·讓) 등으로도 표현되는데 고구려에서는 바로 이들 물가나 계곡을 중심으로 여러 부족들이 정치집단을 형성하고 있었기 때문에 부족명에 보이고 있는 것이며 **나부(那部)** 체제라고 불린다.

## 3) 전사(戰士)와 순장(殉葬)

왕의 종족으로서 5부에는 각기 **대가(大加)**가 있다. 대가는 **고추가(古雛加)**라는 칭호를 얻었을 뿐 아니라 종묘(宗廟)와 영성사직(靈星社稷)[8]에 제사지낼 수 있었다. 또한 대가는 사자(使者)·조의(皀衣)·선인(先人) 등과 같은 관직을 따로 두고 왕에게 그 명단만 보고하면 그만이었다. 3세기경의 고구려에서는 일하지도 않고 지내는 자가 1만여 명이나 되었다고 한다. 그들을 위해 **하호(下戸)**[9]는 멀리로부터 곡식

---

8) 영성이란 씨뿌리기와 수확을 관장하는 별의 이름을 말하고 사직은 토지의 신과 곡물의 신을 일컫는다.
9) 제의 하호에 대한 수취는 매우 가혹하여 중국인 눈에는 하호가 마치 노복처럼 비칠 정도였다. 중국 역사책에 하호가 '노복과 같다'고 한 것은 신분이 그렇다는 뜻이 아니라 착취를 당하는 하호의 사회경제적 처

과 생선·소금 등을 운반해야 했다고 하니 당시 고구려가 전투집단적 성격을 띠었으며 많은 국민들이 전사(戰士)로서 활동한 사실을 알 수 있다.

그것은 또한 고구려인들의 성격이 '흉악하고 급하며 노략질하기를 좋아하며', '사람마다 무기를 지니며 집집마다 **부경(桴京)**[10]이라는 창고가 있다'는 기록을 통해 더욱 분명해진다. 같은 시기의 부여인들에 대해서 중국인들은 '용감하고 온후하다'고 평가했으면서도 고구려인들의 성격을 흉악하다고 표현한 것은 그만큼 중국왕조와 군사적 마찰을 자주 일으키는 등 강건한 고구려인의 기질 때문이었을 것이다.

고구려에서는 **순장**이 실시되고 있었다. 고구려 동천왕(東川王)이 죽자 그의 은덕을 사모한 나라 사람들이 매우 슬퍼하고 가까운 신하 가운데 자살해 순장당했다는 사람이 여럿 있었다고 하며, 다음 왕인 중천왕(中川王)이 순장을 막았으므로 공식적으로는 순장을 하지 않았다고 한다. 그러나 왕명으로 순장을 막았음에도 불구하고 많은 사람들이 묘 앞에서 자살함으로써 다른 사람들이 나뭇가지 등으로 시체를 덮어주었으며 그 후 동천왕의 묘가 있는 곳을 시원(柴原)이라 불렀다고 한다.

## 4) 한자(漢字)의 수용과 교육제도

고구려에는 고유의 글자가 없어 중국의 한자를 차용하여 사용했다. 특히 사람이름이라든지 땅이름과 같은 고유명사나 각종 말을 나타내

---

지가 매우 열악하다는 뜻이다. 이 같은 제가의 하호지배가 식읍(食邑)제도를 운영하는 기초가 되었다.
10) 부경은 땅의 습기를 피하려고 바닥을 땅에서 띄워 높게 만든 식량창고이다.

기 위해 한자의 외양만 빌리는 **차자표기법(借字表記法)**을 개발한 것이다. 가령, 고구려 시조의 이름이 주몽(朱蒙) 외에 추모(鄒牟)·중모(仲牟)·중모(中牟)·도모(都慕) 등 사료에 따라 여러 가지로 표기되었던 것인데 이러한 고구려의 차자표기법은 신라에 전해져 **이두(吏讀)**를 성립시켰으며 일본의 음절문자인 **가나** 성립에도 영향을 주었다.

고구려의 교육제도는 소수림왕(小獸林王) 2년(372)에 **태학(太學)**이 설치된 사실에서 엿볼 수 있다. 태학은 중앙의 귀족자제들을 대상으로 한 교육기관으로 알려져 있는데 이곳에서는 중국의 사서오경(四書五經)과 역사서를 교과서로 사용하였다. 지방에는 **경당(扃堂)**을 설치해 지방민의 자제들에게 독서와 활쏘기 등을 가르쳤다는 기록이 있다.

## 5) 율령(律令)제도

고구려는 소수림왕(小獸林王) 3년(373)에 율령을 반포했다. **율령이란 지금의 형법에 해당하는 율(律)과 토지·관제 등 국가제도 전반을 규정한 영(令), 그리고 시행규정에 해당하는 격(格)·식(式)을 총칭한 것이다.** 아주 단순하게 정리하면 율령이란 금지법과 명령법의 합칭이라 할 수 있다.

오늘날에야 사회가 매우 복잡해지고 문화수준도 크게 높아져서 조그마한 모임에 회칙을 두고 또 규정을 두는 것도 당연하게 여겨지지만 권력이 소수에게 집중되고 정치·경제·사회·문화가 제대로 분화되지 않은 단조로운 사회에서는 그저 관습에 따른 간단한 약속이 있으면 그만인 것이다. 따라서 율령반포는 사회가 매우 복잡하고 다양한 단계로 돌입했음을 알리는 증표로 해석되고 있다.

율령은 법전(法典)으로 완성된다. 그래서 '율령을 반포했다'는 표현은 보통 '법전을 만들어 공표했다'는 뜻으로 받아들여진다. 그런데 4세기 후반의 고구려가 법전을 만들어 반포했다는 사실에 대해 부정적인 시각을 가진 이도 있다. 그들 중 어떤 이들은 고대의 율령반포를 단순히 공복(公服) 제정에 불과한 것으로 보기도 하고 또 어떤 이들은 성문화(成文化)되지 못한 법체계를 상정하기도 한다. 그러나 그런 정도라면 고구려는 3세기 이전에 이미 충분히 경험했다고 할 수 있다.

고구려는 중국의 현도군으로부터 매년 조복(朝服)과 의책(衣幘)을 얻어갔다고 한다. 그리고 왕과 제가(諸加) 등은 각각 사자(使者)·조의(皁衣)·선인(先人)과 같은 가신을 둘 수 있었는데 왕의 가신과 제가의 가신 사이에는 지위상의 격차가 있었다고 한다. 늦어도 3세기 중엽경의 일이다. 매년 가져갔다는 조복과 의책을 고구려의 관제(官制)와 연결시켜 보면 고구려에서 공복제의 시행은 생각보다 일찍 시행되었을 수 있다. 그 흔적의 하나로 지적될 수 있는 것이 바로 조의라고 하는 관직명이다. 조의란 '검은 옷'을 뜻한다. 그런데 그 말이 관직의 명칭으로 사용된 것이다. 이처럼 검은 옷이란 뜻을 가진 조의가 관직명으로 사용되었다고 할 때 다른 색깔의 관복도 상정해 볼 수 있다. 이러한 관복이 모이면 그것은 공공복장, 곧 '공복(公服)'이 되는 것이다.

고구려는 3세기 중엽에 이미 적어도 9개 이상의 관직을 설치할 정도였으며 그에 따른 법체계도 상당히 복잡해졌을 것이다. 그것은 고조선이 멸망하고 낙랑군이 설치된 뒤 얼마 안가서 법조항이 최소한 60여 개로 늘어났다는 사실을 통해서도 충분히 짐작할 수 있다. 그렇다면 고구려에서는 태학이 설치되고 역사서를 편찬하던 무렵에는 법전을 편찬했을지도 모른다.

## 6) 불교(佛敎)의 전래

고구려의 소수림왕대(371~384)는 불교의 전래라는 측면에서 주목할 만한 시기이기도 하다. 기원후 372년에 중국 화북지방의 패자로 등장한 전진(前秦)이 승려 순도(順道)를 통해 불상(佛像)과 경전(經典)을 보내왔고, 374년에는 승려 아도(阿道)가 들어왔으며, 375년에는 고구려에 성문사(省門寺) 또는 초문사(肖門寺)와 이불란사(伊弗蘭寺)를 세움으로써 순도와 아도가 본격적으로 포교활동을 벌이도록 적극 후원했기 때문이다.

그러나 고구려에 불교가 처음 전래된 시기를 소수림왕대로 볼 수 없다. 이는 기록상에 드러나는 것일 뿐, 실제로는 이보다 더 빨리 불교가 고구려에 소개되었을 가능성도 있다. 즉, 정치적 교섭에 구애받지 않은 민간에서의 포교는 생각보다 이른 시기에 전래되었을 가능성도 있다. 가령, 그 이전 동진(東晉)의 승려인 지둔도림(支遁道林)이 고려 도인(道人)에게 편지를 보낸 사실은 그러한 가능성을 뒷받침해 준다.

고구려의 불교는 호국적인 성격을 강하게 띠고 있다. 불교도입 이전까지도 고구려는 여전히 각 정치집단별로 전해 내려온 다양한 재래신앙이 남아 있어 의식적으로 완전한 통합을 이루지 못하고 있었다. 따라서 이러한 상황을 극복하기 위해서는 국가공동체의식을 새롭게 강화할 필요성을 느끼게 되었고 전 국민이 공통적으로 받아들일 수 있는 고차원적이고 보편적인 신앙체계이면서 국왕 중심의 호국불교적인 중국의 북조불교를 받아들인 것으로 보인다.

## 7) 역사서의 편찬

고구려는 제26대 임금인 영양왕(嬰陽王: 590~618) 11년(600)에 **이문진(李文眞)**이 국초부터 있었던 『**유기(留記)**』 100권을 줄여 『**신집(新集)**』 5권을 만들었다. 『유기』가 만들어졌다는 '국초'는 막연한 표현이어서 시기가 언제인지 알 수 없으나 아무리 늦어도 고구려의 국가체제가 정비되는 소수림왕 때인 것으로 파악된다. 오늘날은 『유기』의 내용을 전혀 알 수 없으나 고구려의 신화와 전설, 고구려의 건국사실들, 왕과 귀족들의 혈통·계보 등이 서술되었을 것이다.

이 책을 저술하던 때의 고구려 사정을 살펴보면 이문진이 100권이나 되는 『유기』를 줄여 5권의 『신집』을 편찬한 배경을 짐작할 수 있다. 영양왕 11년은 수나라가 중국을 통일하고 고구려와 자웅을 다루던 시기였다. 고구려는 영양왕 9년에 수나라 30만 군대를 맞아 싸워 물리쳤다. 『수서(隋書)』에 수나라 수군(水軍)은 폭풍을 만나 배가 물에 휩쓸리고 육군은 장마를 맞아 전염병에 시달려 후퇴하였다고 하였으나 이는 고구려에게 당한 패전을 천재지변 탓으로 돌린 데 불과하다. 그러나 수나라가 다시 침략할 위기에 처해 있었으므로 고구려는 예전의 경험을 바탕으로 국가적 위기를 모면해야 했다. 따라서 전연(前燕)이 침입하여 수도를 함락하고 다시 백제가 침입하여 국왕이 전사하기까지 했던 위기상황에서 왕위에 올라 성공적으로 국가체제를 정비했던 소수림왕 때의 경험을 떠올렸던 것이며 이문진에게 이 일과 관련된 사실만 추려 따로 책을 만들게 한 것이라 볼 수 있다. 그러므로 『신집』의 주된 내용은 고구려인의 긍지와 어려운 일이 닥쳤을 때 극복할 수 있는 자신감을 높여줄 기록들이었을 것이다.

## 8) 도교(道敎)의 유행

고구려 후기에는 도교가 크게 성행하였다. 도교는 제27대 임금인 영유왕(榮留王: 618~642) 7년(624)에 당(唐)나라의 고조(高祖)가 도사(道士)와 천존상(天尊像) 그리고 도법(道法)을 보내온 것이 계기가 되어 고구려에 전래되었다. 이후 제28대 임금인 보장왕(寶藏王) 때의 연개소문(淵蓋蘇文)이 도교 진흥책을 적극적으로 펼쳐 나중에는 사찰 일부를 도장으로 바꾸게 했을 뿐만 아니라 유학자보다 도사를 윗자리에 앉힐 정도였다고 한다. 고구려에는 도교와는 별도로 신선사상(神仙思想)이 일찍부터 전래되고 있었다. 그것은 고분벽화의 천인상(天人像)·선인상(仙人像) 등 장생불로(長生不老)를 나타내는 그림을 통해 알 수 있다.

## 9) 고구려인의 생활상

고구려인의 생활모습은 인물과 풍속을 그린 고분벽화에서 잘 엿볼 수 있다. 먹고 입고 사는 풍속과 춤추고 노래하며 씨름·사냥·전투하는 모습이 벽화에 남아 있다. 또 주인공이 생전에 생활하던 모습을 자세히 표현했는데 주인공은 다양한 시종자를 두고 화려한 복장과 머리 모양을 하며 잘 꾸민 실내에서 살고 외출할 때에는 대단한 위엄을 갖춘 행렬을 거느렸다.

여인들은 얹은머리·내린머리·올린머리 등 다채롭게 머리를 꾸미며 신분을 나타내고 재력을 과시하였다. 그리고 여인의 멋과 실용성을 겸하려고 머릿수건을 썼으며 바지차림에 긴 두루마기를 걸친 다음 허리에 띠를 맸다. 옷 무늬는 굵은 점박이 무늬를 많이 썼는데 옷깃과 섶, 소매를 굵고 진한 선으로 만들어 멋을 냈다. 옷차림은 매우 따뜻하게 보이며 발에 버선을 신기도 하였다.

남성들은 나관(羅冠)[11]·책(幘)[12]·절풍(折風)[13]을 썼는데 신분에 따른 차이로 보인다. 소가(小加)가 쓰던 절풍은 새 깃을 꽂기도 하고 그렇지 않기도 하였으며 대가(大加)가 쓰던 나관에도 뿔이 난 것과 없는 것이 있었다. 지배계급일수록 활동하기에 불편한 통이 넓은 바지를 입었는데 이는 생산에 종사하지 않고 가만히 앉아서 먹는 귀족임을 나타내고자 함이었다.

고구려의 고분벽화에는 디딜방아를 찧고 부엌과 우물에서 일하는 모습과 마구간이 사실적으로 표현되어 있다. 마구간에는 한 집에서 소와 말을 별도 건물에서 기르며 우물에서는 지렛대로 물을 긷고 부엌에는 수많은 접시를 쌓아 놓고 큰 솥에 밥을 짓는 모습을 그려 경제적 풍요를 나타냈다. 그 밖에 고구려의 풍속은 깨끗한 것을 좋아했으며 몸가짐을 소중히 여겨 종종걸음을 해야 공경한다고 여겼다. 절을 할 때는 다리 하나를 펴서 끌었으며 서 있을 때에는 대개 뒷짐을 지거나 한 손만 뒤로 돌려 허리에 놓는다고 한다.

『삼국지(三國志)』[14]에 의하면 고구려에는 상가(相加)·대로(對盧)·

---

11) 고구려 귀족들이 쓰던 비단모자. 흰 비단관(白羅冠), 푸른 비단관(靑羅冠), 진홍색 비단관(絳羅冠)이 있다. 색깔을 달리하여 계급 간 구별을 좀 더 명확히 한 듯하다.
12) 책은 머리카락을 감싸는 수건으로서 머리카락을 가지런히 정리하기 위한 것이다.
13) 절풍은 윗부분이 뾰족한 삼각형 모양이고 그 밑에 모자가 벗겨지지 않도록 매는 끈이 달려 있다.
14) 『삼국지(三國志)』는 위(魏)·촉(蜀)·오(吳) 3국의 역사에 대한 책이다. 위나라는 그 유명한 조조(曹操)라

패자(沛者)·고추가(古雛加)·주부(主簿)·우태승(優台丞)·사자(使者)·조의(皁衣)·선인(先人)과 같은 관직이 설치되어 국가적 면모를 갖추고 있었다.[15] 감옥은 없어서 죄지은 사람이 있으면 제가(諸加)[16]가 의논해 죄인을 죽이고 그의 처자를 노비로 삼았다고 한다. 즉, 관습법과 연좌제를 시행한 것이다.

고구려인들은 노래 부르기와 춤추기를 좋아했으며 10월에는 동맹(東盟)이라는 제천행사를 벌였다. 동맹은 추수감사제의 성격이 강한 축제이자 정치행사이기도 했다. 고구려에서는 **데릴사위제(婿屋制)**가 널리 시행되었다. 양쪽 집안이 혼인하기로 합의하고 나면 여자 집안에서는 뒤뜰에 서옥(婿屋)이라는 작은 건물을 세웠다고 한다. 그러면 사위가 여자 집 대문 밖에서 자기 이름을 대면서 재워줄 것을 무릎 꿇고 비는데 그러기를 몇 번 반복해야 여자 집에서 사위를 맞아들였다고 한다. 이후 사위는 여자 집에서 몇 년을 살다가 둘 사이에 낳은 아이가 크면 비로소 부인을 데리고 자기 집으로 돌아갔다고 한다. 이 같은 데릴사위제는 장차 남자집안에 기여하게 될 여자의 노동력과

---

는 사람과 그의 아들 조비(曹丕)가 세운 나라로서 황하유역을 중심으로 이른바 화북지방 대부분을 차지하던 대국이었으며 촉나라는 후한의 왕족이던 유비(劉備)가 양자강 상류지역에 세운 나라로 지금의 사천성(四川省)과 부근 일대에 위치했다. 그리고 손권(孫權)이 세운 오나라는 양자강 남쪽을 다스렸다. 이처럼 세 나라가 중국 전역을 나누어 통치하던 시기를 가리켜 후대 사람들이 '삼국시대'라고 불렀고 그 시대에 대한 역사서를 『삼국지』라 했던 것이다.

15) 고구려의 관직은 한자차용방식에 따라, 또는 시대의 흐름에 따라 세분화되는 과정을 밟으면서 조금씩 변화해 갔을 것으로 보인다. 이에 따라 관직명도 역사서에 따라 달리 표현되어 있는데 이는 물론 취사선택한 자료에 따라 달리 표현될 수도 있었을 것이다. 가령, 『삼국사기』에는 주부(主簿)·대상(大相)·위두대형(位頭大兄)·종대상(從大相)·소상(小相)·적상(狄相)·소형(小兄)·제형(諸兄)·선인(先人)·조위(皁位) 등의 순으로 약간 달리 기록하고 있다.

16) 제가의 가(加)란 부여·고구려 등 주로 북방계통의 나라에서 수장을 일컫는 말로 정치적 수장, 곧 왕을 지칭한다. 선비(鮮卑)족 같은 북방유목민 사회에서는 몽고초원의 최고지배자를 기원전 2세기 중엽부터 가한(可汗)이라 불렀고 남쪽 삼한사회에서는 왕을 간(干)이나 한(韓)이라고 불렀다. 특히 철기가 널리 보급되면서 각지에서는 독자성을 띤 정치세력들이 일어나 저마다 따로 다스리는 영역과 민을 가지고 가(加)·간(干)이라고 자칭하였는데 이들은 사회가 점차 통합되면서 세력의 크기별로 국왕 밑에 편제되어 일반화된 지배계층으로 변화해 갔다.

생산력에 대한 보상적 의미가 강한 것으로서 일종의 '신붓값'이라고
할 수 있다. 한편 독특한 혼인방식의 하나로서 형이 죽으면 형수에게
장가드는 **취수혼(娶嫂婚)**제가 있었다.

## 10) 고구려의 대외관계

고구려는 압록강변의 국내성을 중심으로 만주지역 그리고 요동지
역으로 그 세력권을 점차 넓혀갔다. 그리하여 4세기 중엽에는 요동지
역에서 전연(前燕)이라고 하는 매우 강력한 국가와 마주치게 되었다.
전연은 요서지역에 기반을 두고 활동하던 선비족이 4세기에 들어와
중국의 북부지역을 호령하게 되면서 세운 나라이다.

당시 중국의 화북지역에는 전연 이외에 후조(後趙)라고 불리는 나
라가 있어 서로 경쟁했는데 기원후 338년에 후조는 전연의 수도인 극
성(棘城), 곧 지금의 요녕성 조양현을 공격했다가 실패한 적이 있다.
그 후 후조는 전연을 공격하는 일이 여의치 않자 30만 섬의 곡식을
고구려에 보내 전연을 양쪽에서 공격하는 방안을 모색했고 이에 고
구려도 응한 듯하지만 다음해인 339년에 전연의 왕인 모용황(慕容皝)
은 직접 군사를 이끌고 고구려의 신성(新城)을 공격하며 고구려를 압
박했고 싸움에서 진 고구려는 모용황에게 왕자를 보냄으로써 전연의
군대를 철수시켰다.

그러나 이후 고구려의 태도가 분명치 않자 모용황은 기원후 341년
에 직접 4만의 대군을 이끌고 고구려를 공격해 수도인 환도성을 함락
시키고 고국원왕(故國原王)의 아버지인 미천왕(美川王)의 무덤을 파헤
쳐 시신을 탈취했으며 고국원왕의 어머니와 왕비 그리고 백성 5만여

명을 포로로 잡아서 돌아가 버렸다. 고국원왕은 이듬해인 342년에 전연으로 사신을 보내 전연의 신하임을 인정함으로써 겨우 미천왕의 시신을 되찾아 올 수 있었다. 그 후 모용황의 뒤를 이어 즉위한 모용준(慕容儁)에게 십여 년 전 전연에서 반란에 가담했다가 고구려로 도망해온 장군 송황(宋晃)을 송환시킴으로써 전연의 환심을 샀다. 이러한 노력에 힘입어 기원후 355년에는 드디어 왕의 어머니가 돌아올 수 있었다.

왕의 어머니가 무사히 귀국하자 고구려는 태도를 바꾸어 전연과의 관계를 끊었다. 그리하여 전연이 멸망하는 370년까지 단 한 번의 사신도 보내지 않았다. 당시 전연은 후조를 깨뜨리고 화북지역 대부분을 지배할 정도로 전성기를 구가하고 있었다. 그럼에도 불구하고 고구려는 목표가 달성되자마자 전연에 대해 매우 냉담한 반응을 보였던 것이다. 상황에 따라 얼마든지 변할 수 있는 대외관계, 그것이 4세기 무렵 고구려 외교의 특징이라고 말할 수 있다.

5·6세기에 이르면 양자강을 기준으로 남쪽과 북쪽에 각각 다른 왕조가 서서 대립되던 시기이다. 북쪽에서는 북위(北魏: 386~534)·서위(西魏: 535~556)·북주(北周: 556~581)·북제(北齊: 550~577)·수(隋: 581~618)나라로 이어지고, 남쪽에서는 동진(東晋)을 이어서 송(宋: 420~479)·남제(南齊: 470~502)·양(梁: 502~557)·진(陳: 557~589)왕조가 차례로 섰다가 수나라에 의해 통일된 것이다.

중국에서 남북조로 나뉘어 경쟁하던 시기, 특히 북위가 북량(北涼)을 멸망시키고 화북지역을 제패한 기원후 440년 이후를 **남북조시대(南北朝時代)**라고 한다. 남북조시대에 고구려는 주로 북조국가들과, 백제는 남조국가들과 교류한 것으로 알려져 있다. 기원후 433년 무렵,

화북지방 제패를 눈앞에 둔 북위가 북연(北燕)마저 격파하면서 요동지역에 관심을 보이자 중국의 정세변동을 예의주시하던 고구려는 일찌감치 사신을 파견하여 외교관계를 맺는 등 발 빠르게 북위와의 마찰을 피하려 했다. 그리하여 435년에는 장수왕이 북위로부터 요동군 개국공고구려왕(遼東郡開國公高句麗王)이라는 작호를 받았으며 이후 해마다 사신을 파견하는 친밀감을 과시했다. 물론 436년경 고구려로 망명한 북연왕의 송환을 둘러싸고 북위와의 사이에 외교마찰이 빚어졌으며 그로 인해 전쟁 직전까지 가는 험악한 사태가 벌어지기도 했지만 남조의 송나라와 대치해야 했던 북위의 현실을 고구려가 적절히 이용함으로써 우려하던 전쟁은 일어나지 않았다.

다만 440년부터 고구려와 북위 사이의 외교관계는 단절되고 말았다. 고구려가 다시 북위에 사신을 보낸 것은 462년의 일이다. 그런데 일단 외교가 재개되자 고구려는 전례 없던 매우 적극적인 태도를 보였다. 특히 472년부터는 한 해에도 2~3회나 사신을 보냈던 것이다. 그 이유는 우선 백제와의 전쟁 때문이었다. 백제는 4세기 이후 줄곧 남조와 교류하고 있었는데 472년에 백제가 북위로 사신을 보내 고구려와 남조가 내통하고 있다면서 고구려를 토벌하겠으니 원병을 보내달라고 요청했던 것이다. 그러나 북위에서는 백제의 요청을 거절했고 고구려는 이에 자극을 받아 457년에 대규모의 군대를 보내 백제를 침공하게 되었던 것이다.

다음으로는 중국 내부의 상황 때문이다. 즉, 450년에서 452년경 북위와의 전투에서 번번이 패한 송나라는 이후 내분에 휩싸임으로써 30년 가까운 기간을 혼란 속에서 보냈다. 그러나 북위는 오히려 정치군사적으로 안정되었을 뿐 아니라 중국문화에 젖어 들고 있었으며 고구려로서도 북위와의 긴장을 피하고 중국문화를 보다 쉽게 수용할 필요성이 있었던 것이다. 이처럼 고구려는 북위와 긴밀한 관계를 맺고 있는 한편으로 남조와도 외교관계를 유지하고 있었다. 이러한 고구려의 이중외교는 두 차례에 걸쳐 남조로 가던 고구려사신이 북위의 군사에게 발각되는 사건이 벌어지기도 하였는데 철저한 실리외교의 추구라고 하겠다.

## 참고문헌

이병도, 『한국고대사연구』, 박영사, 1976.
이기백 · 이기동, 『한국사강좌Ⅰ』, 일조각, 1982.
국사편찬위원회, 『한국사 5』, 1997.
김기섭, 『주제별로 풀어쓴 한국사 강의록 – 고대편』, 가람기획, 1998.
서의식 · 강봉룡, 『뿌리 깊은 한국사 샘이 깊은 이야기』, 솔, 2002.

# 08

## 백제(百濟)의
## 정치와 사회

## 1) 백제국(伯濟國)과 백제(百濟)

백제의 초기 국호는 십제(十濟)였다고 한다. 온조왕이 나라를 세울 때 10명의 신하가 도왔기 때문이라는 것이다. 나중에 비류가 죽고 미추홀의 백성들이 위례성으로 이주할 때 즐거이 따랐으므로 국호를 '百濟'로 고쳤다는 것이다. 따라서 '백'이 우리말 '온'이고 시조 이름이 '온조'인 것으로 미루어 보아 천하를 아울렀다는 뜻에서 백제라고 한 것이라 해석하는 견해도 있다. 반면 중국 측 사서인 『수서(隋書)』나 『북사(北史)』「백제전」에는 '처음에 백여 개의 호(戶) 또는 백가(百家)가 바다를 건너 남하해 나라를 세웠기 때문에 백제라 했다'는 설명이 있다. 그러나 이는 후대에 덧붙여진 해석에 지나지 않는다. 3세기 후반에 편찬된 『삼국지』「한전」에는 마한 54개 국의 국명 중 '伯濟國'이라는 국호가 있다. '伯濟'와 '百濟'는 한자만 약간 다를 뿐 같은 음으로 된 글자이며 또한 백제국의 위치가 한강유역으로 추정되기 때문에 백제국은 백제의 초기단계로 이해하여 백제국이 국력을 신장한 결과 국호를 한자 뜻이 더 좋고 세련된 百濟로 바꾸었다는 것으로 볼 수 있다.

## 2) 백제의 정치체제

백제의 정치체제에는 관등과 관부·관직 및 회의체로 나누어 볼 수 있다. 이 세 가지는 서로 긴밀한 연관성을 가지면서 국가운영의 기본틀로 작용하였다. 중앙귀족화된 수장세력들은 관등을 가짐으로써 지배체제 내에서의 자기 위상을 확보하였고 관직을 통하여 국정에 직접 참여하게 되었다. 이들은 회의체를 구성하여 국가의 중요한 문제들을 논의하고 결정하였다. 중앙통치조직은 백제가 한성에서 웅진으로, 웅진에서 다시 사비로 천도하는 상황 속에서 여러 차례 변화하였다.

### (1) 관등(官等)

백제 초기에는 좌보(左輔)와 우보(右輔)가 있었다. 왕족을 비롯하여 연맹을 구성한 유력한 세력자가 임명되었다. 전임자가 사망한 후 그 뒤를 잇는 것이 관례였고 군사관계의 임무를 맡았다. 그러다가 백제에서는 지배조직의 확대과정에서 관등이 만들어졌는데 사비로의 천도를 계기로 16관등제가 새로이 정비되었다.

| | 1 | 2 | 3 | 4 | 5 | 6 | 7 | 8 | 9 | 10 | 11 | 12 | 13 | 14 | 15 | 16 |
|---|---|---|---|---|---|---|---|---|---|---|---|---|---|---|---|---|
| 명칭 | 좌평 佐平 | 달솔 達率 | 은솔 恩率 | 덕솔 德率 | 간솔 扞率 | 나솔 奈率 | 장덕 將德 | 시덕 施德 | 고덕 固德 | 계덕 季德 | 대덕 對德 | 문독 文督 | 무독 武督 | 좌군 佐軍 | 진무 振武 | 극우 剋虞 |

관등은 중앙귀족세력들을 서열화하여 그들 상호간의 차등을 나타내 주는 제도적 장치라 하겠다. 백제의 16관등 중에서 가장 중심이 된 것은 재상인 좌평이다. 좌평은 인원이 모두 6명으로 내신좌평(內臣佐平)·내두자평(內頭佐平)·내법좌평(內法佐平)·위사좌평(衛士佐平)·조정좌평(朝廷佐平)·병관좌평(兵官佐平) 등이 바로 그것인데, 이들은 최고관등인 동시에 정사암회의의 의장이기도 하다. 16관등은 관복의 색깔에 의해 구분되는데, 1품 좌평에서 6품 나솔까지의 복색은 자주 빛색이고, 7품 장덕에서 11품 대덕까지는 붉은색이며, 13품 문득에서 16품 극우까지의 복색은 푸른색이다.

관의 장식에 있어서는 왕은 금제인 반면 좌평에서 나솔까지는 관을 銀花로 장식하였다. 무령왕릉에서 출토된 금제관식은 왕의 관식이 금제인 것을 입증해주며 익산 입점리고분에서 출토된 은제관식은 이 고분의 피장자가 좌평 또는 솔계 관등을 소지한 자였음을 짐작케 한다. 이 밖에도 백제의 관등은 허리띠의 색에서도 구분되었는데 이는 백제 관등제의 특색이다.

## (2) 관부(官部)·관직(官職)

백제의 한성시대 및 웅진시대의 중앙조직에 대해서는 자료가 없어 구체적인 내용은 알 수 없으나 사비시대의 중앙조직은 내관(內官)과

외관(外官)의 22부사(部司)로 구성되어 있었다. 내관은 궁궐과 왕실의 사무를 관장하였으며 외관은 군사·재정·교육·외교 등 국가의 주요한 행정업무를 관장하였다.

〈표 2〉 백제의 22부사

| 내관 | 직능 및 업무 | 외관 | 직능 및 업무 |
|---|---|---|---|
| 전내부<br>前內部 | 국왕근시 및 왕명출납 | 사군부<br>司軍部 | 병마관계 담당 |
| 곡부<br>穀部 | 곡물관계 | 사도부<br>司徒部 | 교육과 의례관계의 업무 |
| 육부<br>肉部 | 육류관계 | 사공부<br>司空部 | 토목·재정관계 업무 |
| 내량부<br>內椋部 | 궁궐 내 왕실의 창고업무 | 사구부<br>司寇部 | 형벌담당 |
| 외량부<br>外椋部 | 각 지역 왕실의 창고업무 | 점구부<br>點口部 | 호구파악 및 노동력징발 업무 |
| 마부<br>馬部 | 왕실 소유의 말을 관장 | 객부<br>客部 | 외교의례 및 사신접대의 업무 |
| 도부<br>刀部 | 무기의 제작과 관리 담당 | 외사부<br>外舍部 | 관료의 인사와 관련된 업무 |
| 공덕부<br>功德部 | 왕실 관련 불교사원 관할 | 주부<br>綢部 | 직물의 제조와 수공업 관계 업무 |
| 약부<br>藥部 | 약의 제조와 치료 담당 | 일관부<br>日官部 | 천문기상과 점술관계 업무 |
| 목부<br>木部 | 모든 토목공사 담당 | 도시부<br>都市部 | 상업과 교역과 시장업무 |
| 법부<br>法部 | 의례·왕의 의장관계 및 율령 관장 | | |
| 후궁부<br>後宮部 | 왕의 후궁과 관련된 업무 | | |

이 22부사의 장은 장사(長史)이며 3년마다 교대하는 것이 원칙이다. 이외에 군사권을 행사하는 좌장(左將)이 있고 전문교육과 기술을 담

당하는 박사(博士)가 있으며 왕·후가 있었는데 좌현왕(左賢王)·우현왕(右賢王)·면중왕(面中王) 및 불사후(弗斯侯) 등 지명이 붙은 왕·후가 있다. 왕·후의 존재는 백제왕이 왕 중의 왕, 즉 황제 또는 대왕으로서 격상되었던 사실을 보여준다. 또한 외교관계나 군사관계의 업무 등에서 왕의 참모 역할을 했던 참군(參軍)·사마(司馬)가 있고 백제의 사신으로서 대사(臺使)가 있다.

## (3) 회의체 – 남당(南堂)과 정사암(政事巖)

백제에서 국가운영과 관련한 정무를 집행하고 논의할 때 남당(南堂)에서 개최되었다. 남당은 원래 집회소의 성격이 강했지만 국가체제가 정비되면서 정청으로서의 기능을 가지게 되었다. 고이왕이 남당에 앉아서 정사(政事)를 살폈다고 하는 사실에서 알 수 있듯이 남당은 바로 정치를 논의하던 장소였던 것이다. 이 밖에 중대한 국사를 논의할 때에는 호암사(虎巖寺) 정사암(政事巖)이라는 신성한 장소에서 개최되기도 하였는데 특히 재상을 선출할 때 후보의 이름을 바위에 두었다가 얼마 뒤 열어 이름 위에 도장자국이 있는 사람을 재상으로 뽑았다고 한다. 이러한 신성한 장소에서는 회의뿐만 아니라 왕들이 사냥을 하는 장소로도 쓰였는데 특히 신라를 제외한 고구려와 백제의 왕들은 사냥을 자주 즐겼던 것으로 기록에 나타나고 있다. 고대사회에서 사냥은 단순한 사냥이 아니라 군사훈련의 의미도 있으며 사냥을 통해 얻은 희생물로 산천에 제사를 지내는 의미도 지니고 있었다.

## (4) 담로제(檐(擔)魯制)

백제의 지방조직으로서 모두 22개가 있다. 담로는 읍을 말하는 것인데 군현과 같은 말이다. 22개의 담로에는 왕족을 파견하여 다스리게 하였다. 그러나 구체적으로 22개 담로가 어느 지역에 위치해 있었는지는 알 수 없다.

## (5) 방·군·성(현) 또는 촌제

한성시대부터 마련되어 웅진도읍기까지 실시되었던 담로제는 성왕이 사비로 천도하면서 새로이 정비되었는데 바로 방·군·성제이다. 방(方)은 전국을 다섯 구역으로 나눈 것이고, 군(郡)은 37개의 군으로 짜여 있는데, 한 개의 군에는 5~6개 정도의 성(城)이 소속되어 있다. 방의 장관은 방령(方領)이고 군의 장관은 군장(郡將)이라 하며 성의 장관은 성주(城主) 또는 도사(道使)라 한다.

## 3) 백제의 사회구성원과 풍속

백제의 사회구성원은 대성(大姓) 8족(族)이라 하여 국(國)·해(解)·연(燕)·사(沙)·진(眞)·백(苩)·목(木)·협(劦)이 있으며 대개 부여·고구려계 남하민과 마한의 구성원이던 한예(韓濊)의 토착민이 주류를 이루었다고 볼 수 있다. 그 밖에 대다수 주민들 가운데에는 낙랑·대방군이 멸망하면서 백제에 흡수된 중국계 및 교류를 통해 당시 백제에 거주하던 일본계 백제인들도 포함되었다. 백제는 중국대륙으로 통하는 유리한 지리적 조건과 함께 중국계 백제인들의 활동 때문인지 중국문화의 영향을 비교적 빨리 받은 국가였다. 그래서 그런지 백제인들은 일찍부터 유학을 널리 배우고 익혔으며 혼인풍속이 중국과 같고 부모가 돌아가시면 3년 상(喪)을 치르는 등, 중국의 예법에 따르는 경우가 많았다고 한다.

그러나 언어와 의복은 고구려와 같았으며 말 타고 활 쏘는 것을 중시하는 등의 풍습 또한 고구려와 같았다. 백제의 여인들은 시집을 가기 전에는 머리카락을 한 갈래로 땋았지만 시집을 가면 양 갈래로 땋았다고 한다. 절을 할 때에는 양 손을 바닥에 대어 존경을 표시했으며 투호(投壺 ─ 멀찍이 서서 항아리 안에 화살을 던져 넣는 놀이)와 저포(樗蒲 ─ 주사위로 하는 놀이) 등의 놀이와 바둑·장기를 즐겼다고 한다.

## 4) 백제의 성장과 근초고왕(近肖古王)

백제 근초고왕대인 4세기경에는 북쪽으로 고구려군대를 격파하면서 지금의 대동강 유역까지 진격했으며 평양성 전투에서 고구려의 고국원왕을 전사시키는 승리를 거두기도 했다. 백제사에서 근초고왕대는 매우 중요한 시기이다. 이 무렵에 백제는 정치·군사·문화적으로 괄목할 만한 성장을 달성했기 때문이다. 정치적으로는 관제를 정비하고 지방세력을 적절히 통제하는 동시에 대중국외교를 성공적으로 이끌었으며 군사적으로는 고구려와의 전쟁에서 연승함으로써 북방 영토를 크게 넓혀놓았을 뿐만 아니라 남쪽으로도 왜와 주변의 소국들을 병합하면서 충청도 일원과 일본열도의 일부를 영유했고 문화적으로는 『서기(書記)』를 작성하는 등의 성과를 거두었던 것이다.

기원후 313년경 고구려는 낙랑군을 한반도에서 몰아냈으며 이듬해에는 대방군마저 멸망시켰다. 그런데 낙랑·대방군의 멸망은 고구려와 백제의 영역이 맞닿은 결과를 가져왔다. 이로 인해 고구려와 백제의 기나긴 혈투가 시작되었다. 영역의 크기로만 본다면 고구려의 우세가 당연하다. 하지만 근초고왕과 그의 아들 근구수왕(近仇首王)이 재위하던 무렵에 벌어진 전투는 그렇지 않았다. 몇 번에 걸쳐 백제가 대승을 거두고 그로 인해 고구려의 남진은 한동안 주춤하였다. 고구려세력을 물리치고 황해도 일대를 확보한 백제는 과거 낙랑·대방군을 통해 이 지역에 영향력을 행사했던 중국과의 교류를 더욱 깊게 하였는데 이는 고구려세력의 남하를 억지하기 위한 방책의 하나였던 것이다.

## 5) 백제의 역사서

백제의 역사서가 처음 등장한 시점은 근초고왕대로 백제가 개국한 이래 문자로 사건을 적은 일이 없었는데 이때에 이르러 박사(博士) 고흥(高興)을 얻음으로써 비로소 『서기(書記)』가 있게 되었다고 한다. 고흥에게 '박사'라는 칭호가 붙여진 것으로 보아 그는 유교경전에 대한 지식이 매우 뛰어난 사람이었을 것으로 보이는데 그것이 백제에서 얻은 칭호라면 당시 백제에 태학(太學)이 설치되었을 개연성이 높다. 또한 태학이 설치되었을 정도라면 고구려의 예로 보아 역사서 편찬이 이루어졌을 것이고 따라서 '서기'를 역사서의 이름으로 보아도 무방할 것이다.

백제인들이 남긴 역사서로는『일본서기(日本書紀)』에 인용된 이른 바 '백제삼서(百濟三書)'가 있다. 일본 고대의 역사서인『일본서기』는 720년에 일본정부에서 편찬한 관찬사서이다. 그런데 이 책에는 현재 우리나라에 전해지지 않고 있는『백제기(百濟記)』·『백제신찬(百濟新撰)』·『백제본기(百濟本記)』등의 세 가지 책이 인용되어 있고, 인용된 시기는 대체로 3세기 중엽부터 6세기 중엽까지일 것인데, 아마도 백제가 멸망한 이후 일본으로 건너간 백제유민들이 가져간 책의 일부로 보인다. 따라서 '백제삼서'는 백제사를 연구하는 데 매우 귀중한 사료로 많이 수록되어 있다고 하겠다. 하지만 이 백제삼서는 일본정부에 부합하기 위해 당시의 백제와 왜의 관계를 상당히 왜곡한『일본서기』의 근거자료로 활용되었기 때문에 사료로서의 공정성과 정확성을 의심케 하는 측면이 있다.

## 6) 백제의 해외진출

백제는 특히 근초고왕대에 북쪽으로 고구려를 연파하고 남쪽으로 마한의 여러 세력을 병합했으며 가야제국에도 정치·군사·문화적인 영향력을 행사한 것으로 알려져 있다. 특히 백제는 동진과 같은 중국왕조와 교류를 행했으며 일본에도 백제문화를 이식하는 적극적인 활동을 펼쳐나갔다. 그리하여 백제는 이 무렵 중국대륙의 요서(遼西)·산동(山東) 지역에 정치·군사적으로 진출했고 일본열도에도 세력을 뻗쳤다고 하겠다.

이는 중국의『송서(宋書)』·『양서(梁書)』·『남제서(南齊書)』등에 백제가 요서를 경략했다는 기록("백제는 본래 고구려와 함께 요동의 동쪽에 있었다. 진(晉)나라 치세에 고구려가 요동을 공략하여 차지하였는데 백제 역시 이때 요서(遼西)와 진평(晉平) 2군의 땅을 차지하여 자체의 백제군을 설치하였다.)이 있고 현재 일본에는 4세기대에 만들어진 백제의 '칠지도(七枝刀)'가 전해지고 있는데, 이 유물에는 백제의 태자가 후왕(侯王)인 왜왕을 위해 만들었다고 하는 내용을 담고 있다는 점 그리고 일본열도 곳곳에서 발견되는 무덤 가운데 백제에서 하사한 것으로 보이는 도검(刀劍) 등이 출토되고 있다는 사실과 아울러 이와 관련하여 백제군의 일원으로 왜병이 출동한 사실은 왜가 백제의 복속국임을 상징하는 근거가 된다는 점에서 동북아에 뻗친 백제의 세력을 엿볼 수 있다.

백제가 공식적으로 일본에 불교를 전한 시기는 성왕 30년(552)이다. 그러나 일본의 불교관련 자료(『상궁성덕법왕제설(上宮聖德法王帝說)』 · 『원흥사가람연기병류기자재장(元興寺伽藍緣起幷流記資財帳)』)에는 그보다 앞선 시점인 성왕 16년(538)으로 전한다. 이 백제가 일본열도에 진출한 근거로 고고학적 발굴성과에 의하면 훨씬 오래전이고, 기록상 왜국과 교류를 갖기 시작한 시점은 이보다 훨씬 앞선 시기인 근초고왕대 무렵이었다고 볼 수 있다.

일본의 고대사서인 『일본서기』에 의하면 일찍이 4세기 근초고왕대의 백제에서 당시의 왜왕에게 칠지도와 칠자경(七子鏡) 등 다양한 유물들을 선물하였고, 현재 일본의 우전팔번신사(隅田八幡神社)에 소장되어 있는 인물화상경(人物畵像鏡)의 명문에 의하면 계미년(癸未年)에 십대왕(十大王: 東城王을 의미) 재위 시 남제왕(男弟王: 일본의 계체천황을 의미)이 의시사가궁(意柴沙加宮)에 거주하고 있었을 때 사마(무령왕)가 남제왕의 많은 수명을 기념하기 위해 거울을 만들었다고 하는 내용이 담겨져 있다. 이는 아마도 백제가 속국인 일본에게 특별히 만들어 주었으리라 짐작되는데, 신라에서도 영토를 확장하면서 복속한 각 지역의 지배층에게 신속의 표시로서 칼이나 금관 등을 선물한 경우가 있었다.

백제는 문자가 들어 있는 금석문, 가령 일본지역에서 출토된 칠지도라든가, 우전팔번화상경(隅田八幡畵像鏡) 등을 왜국에 하사할 정도로 뛰어난 금속가공기술과 함께 문자로 기록할 능력을 보유하고 있었던 나라였다. 이 밖에도 백제는 일본사서에 의하면 왜왕의 요청으로 왕인(王仁)과 같은 수많은 인재와 함께 와박사(瓦博士)는 물론이고, 사공(寺工), 노반박사(鑪盤博士) 등의 기술자들을 보내주었다. 이러한 사실은 당시 왜국에 문자가 없었는데 백제에서 불법을 전해주었고, 왜가 백제로부터 불경을 구하면서 비로소 문자가 생겼다고 하는『수서(隋書)』「왜국전」의 기사를 통해서도 일본의 고대문화에 끼친 백제문화의 영향력이 확인된다. 이러한 힘의 원천은 바로 백제가 일찍부터 한강유역을 통한 해양활동을 활발히 추진했고 그에 따라 향해와 관련된 기술이 매우 발달했기 때문이다.

## 7) 백제의 문화

### (1) 풍납토성(風納土城)과 몽촌토성(夢村土城)

백제의 초기 수도는 한강유역에 있었는데 오늘날 서울시 송파구에는 풍납토성과 몽촌토성이, 그리고 석촌동·방이동·가락동에는 수많은 고분들이 분포한 사실에서 입증된다. 교통이 불편하던 고대에 수도는 지위가 높은 사람들의 거주지였다. 그렇기 때문에 당시의 수도는 정치의 중심지인 동시에 경제·문화·예술 등 모든 분야의 중심지이기도 했다. 따라서 수도에는 지배층이 생전에 거주하던 도시와 성곽이 있는가 하면, 죽어서 묻힌 호사스런 무덤이 있는 게 당연하다. 그리고 성곽에는 한 사람만 살았던 것이 아니므로 무덤도 무리를 이루는 게 당연하다.

고구려의 성곽은 초기부터 돌을 쌓아 만든 석성(石城)이었다. 그런데 백제의 성곽은 흙을 쌓아 만든 토성(土城)이라는 특징을 지닌다. 물론 5세기경에 이르면 백제에서도 석성을 쌓기 시작하지만 그 이전에 축조된 성곽은 거의 대부분 토성이었다. 토성은 중국에서 흔히 사용된 방위용 건축물이다. 따라서 백제의 토성은 아마도 중국이 영향을 받았을 개연성이 높다. 대표적인 예가 바로 풍납토성이다. 풍납토성은 원래 전체 둘레 3.5km의 방형 내지 타원형 평지성이었으나 홍수와 도로공사, 주택공사 등으로 인해 대부분 파괴되어 지금의 동벽과 북벽의 극히 일부분만 남아 있다.

풍납토성에서는 과거 일제시대에 청동제 초두(鐎斗)와 금반지, 유리구슬 등이 발견되기도 했다. 초두는 마치 국자처럼 생긴 냄비에 세 개의 발이 달린 그릇으로 음식을 조리하거나 술·약 등을 데우는 데 사용한 듯하다. 풍납토성이 언제 축조되었는지에 대해서는 아직 정확히 밝혀진 바 없지만 많은 사람들은 성의 규모라든가 내부에서 발견된 유물들에 근거하여 백제초기의 성곽으로 이해하고 있다. 즉, 백제가 475년 웅진(공주)으로 천도하기 전에 도성으로 이용했던 한성(漢城)이라고 하겠다.

이 풍납토성의 동남쪽 인근, 곧 지금의 서울올림픽공원 내에는 몽촌토성이 있다. 지금은 도시개발로 인해 주변 환경과 지세가 많이 달라졌지만 원래 몽촌토성이 있는 곳은 경기도 성남과 광주지역 일대의 남한산성과 연결되어 있는 곳이다. 따라서 몽촌토성은 원래 산성에 가까운 형태를 지니고 있었다. 지금까지 몇 차례의 발굴을 통해 몽촌토성 안에는 각종 건물지와 연못, 망대 등의 유적이 확인되었고 토기를 비롯해 다양한 유물의 수습되었으나 토성이 처음 축조된 시기와 쓰임새를 분명하게 알려줄 만한 유물은 아직 발견되지 않았다. 다만 대다수 사람들은 몽촌토성이 주로 4∼5세기에 사용되었으며 백제의 전기 도성과 매우 밀접히 관련된 곳이라는 사실 정도만을 확인할 수 있을 뿐이다.

## (2) 흙무덤(土築墓)과 돌무덤(積石塚)

몽촌토성의 남쪽지역인 방이동·가락동·석촌동 일대에는 백제의 초기고분들이 분포하고 있다. 고분의 종류에는 모두 2가지가 있는데 하나는 흙을 쌓아 만든 무덤(토축묘)이고 다른 하나는 돌을 쌓아 만든 무덤(적석총)이다. 물론 흙을 파서 만든 토광묘도 있고 돌로 곽을 만든 석곽묘도 있다. 하지만 이들은 모두 백제의 특징적인 무덤이라기보다 우리 고대사의 보편적인 무덤 양식에 속한다.

토축묘는 백제의 세력범위가 아직 한강유역을 크게 벗어나지 못한 시기의 무덤으로서 먼저 지표에 흙을 쌓아 만든 뒤 그곳의 일부를 파서 시체를 안치하는 방법이 사용되었다. 적석총은 고구려의 적석총처럼 조영된 것도 있으나 적석총과 토축묘가 혼합된 무덤양식도 있어 다양한 편이다. 또한 백제의 무덤이 조영되는 곳과 고구려의 무덤이

조영되는 곳이 비슷한데 모두 무덤을 하천 근처에 만들기를 선호했다는 점이다.

## (3) 무령(녕)왕릉(武寧王陵)과 중국의 남조문화

백제는 고구려와의 전쟁에서 패한 뒤 한강유역을 상실하고 475년에 웅진(熊津) 곧 지금의 공주지역으로 천도하게 된다. 그런데 이때부터 백제의 문화는 고구려의 문화보다 중국 남조의 영향을 강하게 받게 되며 특히 묘지상에서 그러한 특징은 두드러지게 나타나고 있다. 즉, 지배층의 무덤이 모두 산의 능선이나 그 주변에 조영되어 있는데 이는 중국에서 전래된 풍수지리사상에 기반한 것으로 대표적인 예는 무령왕릉에서 찾아볼 수 있다.

백제 무령왕과 왕비의 무덤이 산의 능선에 조영된 무령왕릉은 송산리 고분군 중의 하나로 1971년에 발굴되었는데 화려한 문양의 각종 벽돌로 만든 전축분(塼築墳)이다. 방처럼 꾸민 내부는 아치형 천장에 동·서·북벽에는 등잔을 놓는 감실(龕室)과 가짜 창문이 있고 남·북벽에는 벽화를 그린 흔적도 남아 있어 호사스럽고 아름답다. 무덤 안에는 '영동대장군백제사마왕(寧東大將軍百濟斯麻王)'으로 시작되는 지석(誌石)[17] 1매와 '백제국왕태비(百濟國王太妃)'에 대한 지석 1매 그리고 돌짐승(石獸), 청동거울(銅鏡), 머리베개(頭枕), 다리베개(足座), 도자기류를 비롯한 각종 유물이 발견되었으나 화려하게 치장한 왕과 왕비는 일본 남부지방산 금송(金松)으로 만든 관 속에 누웠던 흔적만 남겨져 있다.

---

17) 지석이란 묘지석이라고도 하는데 죽은 사람의 생애를 기록한 석조물이다.

백제에서 벽돌로 만든 무덤은 중국 양자강에서 조영된 무덤들과 입지·구조·재료·축조방식 등이 매우 유사할 뿐 아니라 부장품에 있어서도 중국 남조의 영향이 확인된다. 이는 백제가 특히 동진(東晉)·송(宋)·남제(南齊)·양(梁)으로 이어지는 남조국가들과 밀접한 관계를 형성하고 있었던 결과물이라 하겠다.

## (4) 사지(寺址)와 탑(塔)

충남 공주시에는 공산성(公山城)과 송산리고분군이 있다. 공산성은 왕성일 개연성이 높으며 송산리고분군은 지배계층의 공동묘지이다. 그런데 이와 비슷한 성격의 유적이 부여군에도 있다. 부여는 백제 당시 '소부리(所夫里)' 혹은 '사비(泗沘)'라 부르던 곳이다. 그곳에는 부소산성(扶蘇山城)과 능산리고분군이 있어 공주시에서의 구도와 비슷한 분위기를 자아낸다. 이는 백제의 성왕이 538년에 사비로 도읍을 옮겼기 때문이다. 공주와 비교해 부여에서 눈에 띄는 점은 절터(寺址)가 많다는 사실이다. 그중 시내에 위치한 대규모의 정림사지(定林寺址)는 백제시대에도 중심부에 해당하는 곳이어서 이 무렵 백제가 불교를 얼마나 숭상했는지를 짐작케 한다.

절을 가람(伽藍)이라 부르기도 하는데 승려가 생활하는 곳을 가리키는 범어(梵語: 인도의 고대어)에서 나온 말이다. 지금의 절(寺刹)은 그 규모와 건물 배치가 매우 다양하고 자유분방하지만 고대에는 절의 건물배치가 일정한 원칙에 입각해 이루어졌다. 물론 신라 말기에 선종불교가 유행해 절이 산속으로 들어가게 되면서 그 원칙이 흔들리기도 했지만 일정한 기준은 있었던 것으로 보인다.

고대에 절의 중심은 원래 탑이었다. 물론 종교란 어디까지나 사람이 주도하는 것이므로 승려 역시 당연히 그 중심의 한자리를 차지하겠지만 경배의 대상이라는 점에서 본다면 부처의 사리를 모신 일종의 상징적 무덤, 곧 탑이 핵심을 차지한다고 할 수 있다. 그래서 절의 건물배치는 탑을 중심으로 金堂이 둘러싼 형국이라 하겠는데 이를 '1탑 1금당' 내지 '1탑 3금당'식으로 부른다. 나중에는 '2탑 1금당'으로 바뀌기도 하지만 여하튼 금당이란 불상을 모셔두는 곳으로서 그 뒤에는 보통 설법장소인 강당이 설치되어 있다.

그런데 서동설화의 주인공인 서동(薯童)으로 잘 알려진 백제 무왕(武王)이 건설한 익산(益山)의 미륵사지(彌勒寺址)는 다소 특이한 예를 보여준다. 탑이 3개이고 금당도 3개인 '3탑 3금당'식의 절터인 것이다. 이는 조사결과 탑과 탑, 금당과 금당 사이에 회랑이 남-북으로 나 있어서 3개가 각각 구획을 달리했던 것으로 밝혀졌다. 결국 3개의 절을 나란히 배치해 놓은 미륵사지, 그것만 보더라도 미륵사의 원래 규모가 얼마나 컸는지 충분히 짐작할 수 있다.

미륵사의 규모가 매우 컸다는 사실은 익산이 부여에 버금가는 왕도(王都) 내지 별도(別都)였을 가능성이 매우 크다. 또한 서동설화에 의하면 백제의 무왕은 어려서 서동, 즉 마를 캐어 파는 아이란 별명이 붙여졌는데 그의 어머니가 지룡(池龍), 곧 연못에 사는 용과 관계하여 낳은 아들이었으나 홀어머니 밑에서 자랐기 때문에 집안이 가난하여 생계를 유지하기 위해 마를 캐어 시장에 내다 팔았기 때문이다. 이후 그는 성장하면서 신라 진평왕의 셋째공주인 선화공주(善花公主)가 매우 아름답다는 소문을 듣고 그녀를 흠모하여 자신의 아내로 삼고자 신라 곳곳을 돌아다니면서 일종의 사랑노래인 '서동요'를 지어 퍼트렸는데 이를 안 신라왕실에서 그녀를 쫓아냈고 그러자 서동이 그녀를 데려다가 혼인한 후 아버지 법왕(法王)이 죽게 되자 그가 무왕으로서 왕위에 올랐다고 한다. 그러던 어느 날 그가 왕비인 선화공주와 함께 익산의 사자사(獅子寺)에 행차하려고 용화산 아래를 지나가다가 미륵삼존(彌勒三尊)을 만나게 되면서 그곳에 절을 짓고 미륵사(彌勒寺)라 했다는 것이다.

현재 일본에 소재한 '육조관세음응험기(六朝觀世音應驗記)'에도 백제의 무왕과 관련한 짤막한 기사가 실려 있다. 이에 의하면 무광왕이 익산에 천도했다고 하는 내용인데 여기에서 백제의 무왕을 무광왕이라 칭하기도 했음을 알 수 있으며 만일 무왕이 익산으로 천도했다는 것이 사실이라고 한다면 비록 무왕이 천도했다는 기사는 없지만 이는 아마도 왕도에 준하는 별도의 왕궁이 익산에도 마련되어 있었기 때문에 그와 같은 표현이 생겨난 것으로 보인다. 그리고 무왕과 관련된 미륵사지가 익산에 있게 된 것이라 하겠다.

미륵사지의 규모는 지금 남아 있는 미륵사탑에 반영되어 있다. 탑은 높이 14.2m의 대규모 석탑이 반 정도만 남은 채 서 있는데, 지금은 해체 및 복원 작업이 한창이며, 7세기 초의 건물이다. 백제에 전래된 탑은 원래 목탑(木塔)이었다. 그런데 목탑은 전란 등으로 모두 소실되어 남아 있는 것은 거의 없다. 백제에는 목탑 외에 석탑도 만들어졌는데 처음에 목탑의 양식을 본떠 석탑(石塔)을 만들었다. 부여의 '정림사지 5층석탑'이 대표적인 예인데 목조건축의 느낌을 강하게 받을 수 있다.

# 참고문헌

이기백 · 이기동, 『한국사강좌 I』, 일조각, 1982.
국사편찬위원회, 『한국사 6』, 1997.
김기섭, 『주제별로 풀어쓴 한국사 강의록 – 고대편』, 가람기획, 1998.
서의식 · 강봉룡, 『뿌리 깊은 한국사 샘이 깊은 이야기』, 솔, 2002.

# 09

## 신라(新羅)의
## 정치와 사회

## 1) 신라의 건국시기

　『삼국사기』와『삼국유사』에서는 신라의 건국을 기원전 57년으로 기술하고 있다. 그런데 같은 책에서 고구려는 기원전 37년, 백제는 기원전 18년에 건국한 것으로 전하고 있어 이들 세 나라 가운데 신라가 가장 일찍 국가를 건설한 것으로 되어 있다. 이 때문에 후대의 연구자들 가운데에는 이를 신라의 국가적 위상을 높이기 위해 일부러 사서편찬 당시에 조작한 것이라고 폄하하는 사람들도 있다. 이 같은 인식은 무엇보다도 중국사서에서 고구려를 가장 앞선 시기부터 기술하였고 이어서 백제·신라 순이란 점, 그리고 국가수준이나 중국과의 외교에 있어서 신라가 고구려와 백제에 비해 상당히 뒤쳐져 있었다는 편견에서 비롯된 것이라 하겠다.

　하지만 신라가 삼한시대의 진한 12국 중에 하나인 사로국에서 출발하였던 점을 고려한다면 비록 신라가 고대 국가단계에 있어서 고구려나 백제보다 늦었다고 하더라도 정치집단으로서의 사로국의 출현은 그보다 더 빠를 수 있었을지 모른다. 이는 경주지역의 조양동 고분군에서 조사된 각종 유적을 통해 기원전 2~1세기경에 이미 정치체가 존재하고 있었던 사실에서도 알 수 있다. 그렇기 때문에 신라의 건국시기에 대한 사서의 기록을 단순히 후대의 조작으로만 보아서는 곤란하다.

## 2) 신라의 여성과 골품제(骨品制)

박혁거세 신화에서 가장 특이한 사실은 알영에 관한 부분이다. 왕비에 대한 신화를 따로 만들고 왕비를 왕과 함께 성인이라고 칭송한 예는 우리 역사상 매우 희귀한 경우에 속하기 때문이다. 이처럼 신라는 가부장적인 권위가 그다지 느껴지지 않는 사회, 나아가 여성이 남성만큼 비교적 대등한 지위를 누리는 사회라고 볼 수 있다. 그래서 신라에서는 진덕(眞德) · 선덕(善德) · 진성(眞聖)왕 등 세 분의 여왕이 출현할 수 있었는지도 모른다. 그런데 그러한 배경에는 혈통을 기준으로 그 사람의 위치를 평가하는 철저한 신분제사회였기 때문에 가능했다.

신라의 신분제는 골품제라고 부른다. 골품제는 성골(聖骨) · 진골(眞骨)로 나뉘는 골과 육두품(六頭品) · 오두품(五頭品) · 사두품(四頭品) 등의 품으로 구성되어 있었다. 왕위는 물론이고 관부의 각 부서 장관(令)과 군대 지휘관의 지위에 오를 수 있는 사람은 '골' 신분을 지닌 사람이어야 했다. 그리고 '품'에 속하는 사람들은 그들 '골'을 보좌하는 역할을 수행하였다. 성골은 부모 모두 왕족이어야 했고 진골은 어느 한쪽이 왕족이 아니더라도 육두품 이상의 신분이어야 했는데 진골이 되기 위해서는 부모가 모두 진골이어야 했으며 박·석·김씨에 한정되었다.

만약 부모 가운데 한 명이 육두품이라고 한다면 자식은 당연히 사회적 지위가 육두품으로 강등되어 신라의 17개 관등 중 제6등급인 아찬(阿湌)의 지위보다 높아질 수 없었으며 그 결과 관부의 각 부서에서 차관(卿) 이상의 지위로는 오를 수 없었다. 각 부서의 중간관리이자 일선 책임자에 해당하는 대사(大舍)가 대부분 육두품에 속한 사람들의 일자리였던 것이다. 오두품은 더 낮은 지위인 제10등급의 대나마(大奈麻)가 한계였다. 그들은 주로 의학 등의 기술직에 종사했으며 각 부서의 실무를 담당하는 사지(舍知)의 직위에 오르는 것이 최고의 출세였다. 사두품 역시 대부분 기술직이나 각 부서의 말단 실무를 담당하였던 사(史)로서 활동한 것이다. 그들은 제12등급인 대사(大舍)까지만 승급할 수 있었다.

〈표 1〉 신라의 관등

| 경위(京位) | 외위(外位) |
|---|---|
| 1. 이벌찬(伊伐飡) | |
| 2. 이찬(伊飡) | |
| 3. 잡찬(迊飡) | |
| 4. 파진찬(波珍飡) | |
| 5. 대아찬(大阿飡) | |
| 6. 아찬(阿飡) | |
| 7. 일길찬(一吉飡) | |
| 8. 사찬(沙飡) | 악간(嶽干)·술간(述干)·고간(高干)· |
| 9. 급찬(級飡) | 귀간(貴干)·찬간(撰干)·상간(上干)· |
| 10. 대나마(大奈麻) | 간(干)·일벌(一伐)·일척(一尺)· |
| 11. 나마(奈麻) | 피일(彼日)·아척(阿尺) |
| 12. 대사(大舍) | |
| 13. 소사(小舍) | |
| 14. 길사(吉士) | |
| 15. 대오(大烏) | |
| 16. 소오(小烏) | |
| 17. 조위(造位) | |

　이처럼 태어나면서부터 그 사람의 정치적 출세는 물론이고 집의 크기와 의복색깔 등 모든 정치 사회적 지위가 결정되는 체제에서 가장 중요한 것은 혈통이었다. 골품제는 누구의 피를 이어받았느냐 하는 것이 최대의 기준이다. 그런데 만약 한쪽의 혈통만 중시한다면 지배층의 수는 시간이 지날수록 더욱 늘어날 것이고 그렇게 되면 지배층의 권위는 물론 그들 내부의 이익 역시 현저하게 감소할 것이다. 따라서 지배층이 자신들의 기득권을 최대한 유지하기 위해서는 양쪽의 혈통을 모두 중시해야 했던 것이다.

　혈통 중시는 여자의 권위를 상승시키는 최상의 여건이기도 하다.

그래서 유산상속도 똑같은 권리를 주장할 수 있었다. 왕위도 상속의 개념이 적용되는 부분이다. 왕위의 경우에는 가능한 한 남자가 계승하는 것을 원칙으로 했지만 마땅한 왕위계승자가 없을 경우 다른 혈통의 남자를 계승권자로 인정하기보다 여자로 하여금 계승토록 하는 방식을 택한 것이다.

골품제에서는 필연적으로 族內婚을 수반하게 된다. 혈통을 중시하므로 근친혼이 성행하게 되는 것이다. 한 가지 예를 들어보면 법흥왕에게는 지소(只召)라는 딸이 있었다. 그 딸은 법흥왕의 동생이며 지소의 삼촌이기도 한 입종(立宗)에게 시집을 갔고 그들 사이에서 진흥왕이 태어났던 것이다. 이처럼 가장 가까운 사람끼리 혼인시킴으로써 혈통의 순수성을 이어가겠다는 생각, 그것이 바로 신라 골품제의 핵심이라 하겠다.

## 3) 신라와 계림

김알지는 신라 김씨, 곧 경주 김씨의 시조이다. 그렇기 때문에 그가 태어난 숲을 신성시해 시림(始林) 혹은 계림(鷄林)이라 했고 계림은 국가의 별명으로까지 사용되었다. 이외에도 신라의 국명으로 사용된 칭호는 많다. 그런데 『삼국사기』에 의하면 신라를 국호로 사용한 것은 지증왕 4년(503)의 일이다. 500년에 즉위한 지증왕은 국호를 '신라(新羅)'로 정하고 '마립간(麻立干)'이라는 신라 고유의 칭호를 버리고 대신 중국식 왕호를 썼으며 지방제도를 정비하여 지방세력 지배를 강화하였다. 이를 바탕으로 그의 뒤를 이어 즉위한 법흥왕이 율령을

〈사진 1〉 경주 계림

반포하고 대외정복에도 힘써 금관가야를 복속시켰다. 금관가야의 복속은 영토 확대는 물론이고 김유신 가문과 같은 훌륭한 인적자원까지 얻어 국력을 배가하는 결과를 가져왔으며 진흥왕대에 대외적으로 팽창하는 계기가 되었다.

## 4) 신라의 문화

### (1) 적석목곽분의 출현

경주에 가면 시내 곳곳에 봉긋봉긋 솟아 있는 작은 언덕들을 볼 수 있다. 언덕이라 하기에는 너무 작고 경사가 가파르며 흙무더기라고 하기에는 너무 크고 일률적이라서 묘한 분위기를 자아내는데 평지에 만들어진 이 분구들은 단지 한 사람을 위한 무덤에 지나지 않는다.

4세기 초에 이르면 이제까지 토광묘와 소형 석곽묘가 주류를 이루던 경주에 새로운 방식의 무덤이 출현하게 되는데 바로 적석목곽분(積石木槨墳)을 말한다. 적석목곽분은 땅을 편평하게 고르거나 돌을 깐 다음 그 위에 나무로 만든 곽을 세워놓고 그 속에 다시 나무 관을 넣는데 관은 시체를 보호하는 상자, 곽은 관을 보호하는 나무상자인 셈이다. 그러나 그 안에 각종 부장품을 넣지만 보통의 경우 관 바깥, 곧 곽 안에 넣기 때문에 곽은 관을 보호한다기보다 부장품을 격납하는 공간이라고 하는 편이 더 정확한 표현일지 모른다. 곽은 다시 돌로 덮는데 겉모습은 고구려나 백제의 적석총과 같은 모습을 띠는 것이다. 돌무더기 위로는 진흙처럼 찰기가 있는 흙을 덮고 그 다음에 맨 흙을 덮는 것이 보통이다.

적석목곽분은 대체로 4~5세기대에 만들어진 묘제로 카자흐스탄과 중국의 접경지역에 있는 기마집단이 4세기 초에 이동하던 중, 한 무리가 경주지역까지 내려옴으로써 신라에 적석목곽분이 출현하게 된 것이라 설명하는 사람이 있다. 그런가 하면 낙랑지역, 곧 대동강유역에서 유행하던 목곽묘가 경주지역에 전해져 조영되고 있던 중 고구려계집단의 이주로 인해 적석총문화가 함께 전래되면서 문화결합이 이루어졌고 그 결과 목곽을 사용하는 적석총, 곧 땅에 목관과 목곽을 놓고 그것을 돌로 덮은 새로운 형태의 적석총이 만들어졌다고 보는 견해도 있다.

## (2) 불교의 전래와 유행, 그리고 문무왕

불교가 신라에 처음 전래된 시기에 대해서는 의견이 분분한데 대체로 눌지마립간의 재위 무렵(기원후 417~458)일 것이라는 의견이 지배적이다. 어쨌든 신라에서는 불교가 공인되기 이전부터 민간에 전래되었을 가능성만큼은 부인할 수 없다. 신라에서는 불교가 처음에 환영을 받지 못했다. 그것은 불교라는 외래종교가 들어오기 전부터 신라에는 이미 고유의 신앙이 있었기 때문인데 신라인들이 불교라고 하는 낯선 종교에 대해 거부감을 가진다는 것은 어쩌면 당연한 일이라고 하겠다.

그러나 법흥왕 14년(527)에 이차돈의 순교를 계기로 불교가 공인되었으며[18] 그 뒤 불교신앙은 신라 전역으로 급속히 확산되었다. 여기에는 왕실의 적극적인 개입이 있었던 것으로 알려진다. 즉, 여러 가지 이유로 왕실은 불교계를 적극 지원하고 불교 유행을 장려했던 것이다. 그리하여 7세기에는 이미 불교가 신라의 국교로서 확실히 자리잡게 되었던 것이다. 불교신앙은 내세에 대한 사람들의 관념을 바꾸어 놓았고 또 매장풍습, 곧 장례 관습에 큰 변화를 가져왔다. 그중 하나가 바로 화장인데 육체에 얽매이지 않는 불교의 인간관을 그대로 보여준다. 681년에 세상을 떠난 문무왕이 그랬다. 문무왕은 태종무열왕 김춘추의 아들로서 661년에 왕위에 오른 뒤 668년에 고구려를 멸망시킴으로써 삼국을 통일하고 이후 10년 가까이 당나라 축출에 돌입

---

18) 『三國遺事』 「原宗興法厭髑滅身條」에 의하면 신라의 조정대신들이 절을 짓는 일에 대해 반대를 하자 법흥왕이 이차돈을 죽이게 했는데 이차돈의 목을 베는 순간 하얀 젖이 한 길이나 솟았다고 하며 이로 인해 집집마다 부처를 공경하게 되었다고 한다. 현재 국립경주박물관에는 817년(헌덕왕 9)에 제작된 이차돈순교비가 보관되어 있다.

하여 성공을 거둔 임금이었다. 국가에 이익이 되는 일이라면 어떤 일
도 마다하지 않던 임금이었는데 그런 임금이기에 그는 죽어서도 한
줌의 재로 남겨질 수 있었다.

문무왕은 독실한 불교신자로서 고구려와 백제가 멸망한 후 당나라
와의 전쟁이 한창일 때 승려 명랑(明朗)의 건의에 따라 전쟁 승리를
기원하기 위해 679년에 사천왕사(四天王寺)를 창건하였으며 죽어서는
시신을 화장해달라고 유언했을 정도다. 그런데 그는 단지 화장만 원
했던 것이 아니다. 자신의 뼈를 '동해의 입구'에 뿌려달라고 한 것이
다. 이는 그가 죽어서 용이 되어 나라를 지키겠다는 의지에 따른 것
이다. 문무왕이 말한 '동해의 입구'란 토함산에서 발원해 경주시 양북
면 용당리에서 바다로 들어가는 대종천(大鍾川)의 하구(河口)를 가리킨
다. 그곳에는 대왕암(大王岩), 즉 현지 주민들이 '뎅바위'라고 부르는
큼지막한 암초가 있는데 많은 사람들은 그 바위 중앙부에 문무왕의
뼈가 수장(水葬)된 것으로 믿고 있다.

## (3) 호국불교(護國佛教)와 감은사(感恩寺)

신라는 시조인 혁거세왕 때부터 왜인들의 습격과 약탈의 대상이
되어 왔는데 특히 동쪽 해변지역의 피해가 가장 컸다. 이에 따라 7세
기 후반에 삼국을 통일하고 당나라 세력까지 몰아낸 신라로서는 평
화로운 세상을 꿈꿀 수 있게 되었지만 왜구라든가 해적들의 침탈에
대한 경계를 늦출 수 없었기 때문에 문무왕은 죽어서까지 바다의 용
이 되어 신라를 지키겠다고 유언한 것이다.

이 같은 문무왕의 호국사상은 특히 동해안에 진국사를 창건하려던

그의 의도에서도 엿볼 수 있다. 당시 호국불교의 성격이 짙던 신라 불교계에서 사찰은 단지 승려들이 수도하며 염불만 외우는 장소가 아니었다. 그곳은 종교적인 측면 외에도 평소 교통··통신의 중요 거점 역할을 했으며 유사시에는 국토방위의 전진기지로서 기능했던 것이다. 따라서 동해안에 지은 진국사는 호국적 성격이 강한 사찰 가운데 하나였다.

그러나 문무왕은 진국사의 완공을 보지 못하고 세상을 떠났는데 진국사가 완공된 시점은 신문왕 2년(682)이었다. 사찰을 완공한 신문왕은 아버지 문무왕의 뜻을 기리고 그 은혜에 감사하여 절을 진국사라는 이름 대신 새로이 감은사라는 이름으로 바꾸니 그곳에는 현재 장중한 아름다움을 자랑하는 2기의 삼층석탑이 남겨져 있다. 감은사만으로 아버지에 대한 그리움을 다 표현하기 어려웠던지 신문왕은 해안가 고갯마루에 이견대(利見臺)라는 축대를 세웠는데 이곳에 서면 문무왕의 뼈와 뜻이 잠긴 대왕암이 한눈에 들어온다.

## (4) 불국사(佛國寺)와 석굴암(石窟庵)

경주에 가면 신라의 문화재로서 불국사와 석굴암을 실견할 수 있다. 불국사는 신라 경덕왕 9년(750)에 시중(侍中)인 김대정(金大正)이 관직을 사임하자 그로 하여금 나라의 영산인 토함산에 불국사와 석불사(石佛寺)를 짓게 한 것인데 김대정은 김대성(金大城)으로도 잘 알려진 인물로서 그는 751년부터 24년간 두 사찰의 건축을 지휘·감독하다가 세상을 떠났으며 그것을 신라조정에서 완성한 것이다.

불국사·석굴암의 창건배경과 관련하여 『삼국유사』에는 김대성이 현생의 부모를 위해서 불국사를 짓고 전생의 부모를 위해서는 '석불사'를 지었다고 하는 내용이 실려 있다. 석불사는 석굴암의 원래 이름인데 아마도 김대성이 두 사찰의 창건에 깊이 관여해 20여 년을 한결같이 봉직했기 때문에 그러한 이야기가 생겨난 것인지도 모르겠다.

다만 위 이야기 속에서 불국사는 현생의 부모를 위한 것이고 석불사는 전생의 부모를 위한 것이라는 사실에 주목할 필요가 있다. 두 사찰의 성격이 서로 다르다는 것이다. 특히 전생의 부모를 위해 지었다는 석불사는 토함산 동쪽 산마루에 위치한 절로서 인도나 중국에서처럼 자연암벽을 뚫어서 석굴을 만드는 방법을 쓰지 않고 거대한 암반 위에 평탄한 터를 닦은 뒤 각종 석재를 쌓아올려서 만든 인공 석굴이다.

구조는 전실과 후실로 이루어져 있는데 전실은 방형이며 후실은 원형이다. 후실의 정가운데에는 본존인 아미타여래(阿彌陀如來: 일부에서는 석가모니불이라 보기도 한다)가 결가부좌(坐像)를 한 채 연꽃무늬가 아래위로 조각된 대규모의 원형 대좌 위에서 동남쪽을 향하고 있다. 그 밖에 아미타불을 둥글게 감싸며 십일면관음(十一面觀音)과 문수보살(文殊菩薩)·보현보살(普賢菩薩)·10대제자·제석천(帝釋天)·범천(梵天) 등이 부조되어 있고 전실에는 팔부신장(八部神將)과 2구의 금강역사(金剛力士)가 부조되었다. 그리고 전실과 후실 사이의 통로에는 사천왕상이 지키고 서 있다.

아미타불은 서방의 극락정토를 주재하는 부처이다. 그런데 아미타불이 향하고 있는 동남쪽은 대왕암이 위치한 곳이어서 놀라움을 금치 못하게 한다. 이러한 사실은 의도적으로 배치한 데에서 생겨난 것으로 보이는데 전생의 부모를 위해 만들었다는 석불사는 용이 되기를 소망했던 문무왕의 명복을 빌고 그들의 바람대로 나라가 항상 평안하기를 기원하는 뜻이 담긴 곳이라 하겠다.

## (5) 신라의 역사서

신라에서는 진흥왕 6년(545)에 거칠부(居柒夫)가 『국사(國史)』를 편찬하였다. 여기에서 국사를 편찬하여 역대 군왕과 신하의 잘잘못을 기록해야 한다고 왕에게 역설한 사람은 이사부(異斯夫)였다. 그런데 거칠부와 이사부는 모두 내물왕의 후손으로 진골이었다.

신라는 지증왕대와 법흥왕대를 거치면서 중앙과 지방통치체제를 정비하여 왕을 중심으로 한 지배체제를 구축해나갔다. 왕권이 강화되면서 왕족이 정치에서 차지하는 자리도 높아져 스스로를 진골이라 일컬어 다른 부류의 사람들과 구별하고 국가의 거의 모든 요직을 독점하다시피 했다. 진골은 왕족이라는 점에서 다른 사람들과 달랐는데 왕족으로서 특권을 주장하려면 왕의 정치적 지위를 더 높여주어야 했다. 왕을 '성골'이라 신성시한 것은 이때부터일 것으로 보기도 한다.

왕족인 이사부와 거칠부가 국사편찬을 건의하고 주관하였으며 왕이 이 사업을 적극 지원한 것은 당시의 시대분위기와도 잘 들어맞는다. 그동안의 왕위계승관계를 정리하여 진골의 범위를 확정하고 왕위가 일관된 원리를 근거로 단절 없이 계승되어 온 것으로 파악하여 왕의 정통성을 세워야 했다. 당시 추구하던 중앙집권적인 율령정치체제의 정당성을 주장해야 했고 이 주장이 공식적인 역사편찬으로 나타났던 것이다. 따라서 『국사』는 왕통의 정당성을 후세에 알리고 왕의 위엄을 안팎에 과시하는 내용을 주로 담았다고 볼 수 있다.

## (6) 진흥왕순수비(眞興王巡狩碑)와 단양적성비(丹陽赤城碑)

신라가 가장 넓은 영토를 확보한 것은 진흥왕 때이다. 진흥왕은 대외정복사업을 활발히 추진하여 한강유역을 차지하고 가야제국을 완전히 정복하였으며 동해를 따라 함흥평야까지 진출했다. 이 같은 진흥왕의 위업을 북한산·창녕·황초령·마운령 등에 있는 4개의 순수비와 단양에 있는 적성비의 내용을 통해서 확인할 수 있다.

진흥왕순수비 가운데 창녕비는 561년에, 황초령비와 마운령비는 568년에 각각 건립되었다. 그러나 북한산비는 세운 연대를 추측키 어렵고 단양적성비는 신라가 죽령을 넘어 이 지방을 점령한 550년대 초에 만들어진 듯하다. 4개의 순수비는 영토를 넓힌 것을 기념하여 왕이 직접 순행하고 남긴 비이므로 '척경비(拓境碑: 국경개척을 기념하여 만든 비)'라 할 수 있다. 이에 반해 적성비는 새로 점령한 단양지역에 대한 통치체제를 확립하기 위해 남긴 비라 하겠는데 이사부를 비롯한 여러 신라 장군이 왕명을 받고 전투에 나가 고구려지역인 적성을 공략한 뒤 자기들을 도와 공을 세운 적성 출신 야이차와 가족 등 주변 인물들을 포상하고 적성지역 백성들을 위로하고자 비를 세운 것이다.

## (7) 화랑(花郎)과 국선(國仙)

신라에서는 진골출신의 젊은이를 화랑으로 삼고 화랑을 좇는 젊은이들을 '낭도(郎徒)'라 이르며 계층과 신분을 뛰어넘어 무리를 이루는 제도가 있었다. 화랑은 '국선'·'풍월주(風月主)'라 부르기도 했는데 국선이나 풍월주는 화랑 가운데 출중한 사람을 뽑아 특별히 일컫던 말이라 하겠다. 신라조정에서는 '화주(花主)'를 두어 화랑에 관한 사무를 관장하게 하였다.

『삼국유사』에는 진흥왕 때 설원랑(薛原郎)이 최초의 국선이었다고 기록하고 있으나 1989년에 공개된 필사본 『화랑세기(花郎世紀)』에는 설원랑이 제7세 풍월주로 나타나며 제1세 풍월주는 위화랑(魏花郎)으로 나오고 있다. 그러나 필사본 『화랑세기』는 김대문(金大問)이 쓴 진본을 옮겨 적은 것이 아니라 후세 사람이 창작했거나 도가류(道家類)의 비기(秘記)일 가능성이 크다는 견해가 제시되어 현재 『화랑세기』를 둘러싼 진위 논쟁이 한창이기도 하다.

화랑과 낭도로 이루어진 단체를 '향도(香徒)'라 불렀다. 삼국통일의 주역인 김유신이 화랑이었을 때 김유신을 중심으로 모인 무리를 '용화향도(龍華香徒)'라 했다고 한다. 향도, 곧 화랑도는 이름난 산천을 찾아 돌아다니며 몸과 마음을 닦았는데 국토 곳곳에 발길이 닿지 않는 곳이 없었다. 이 제도는 유능한 인재를 선발하고 사회를 통합하며 사회규범과 윤리를 건전하게 유지하는 토대가 되어 신라가 삼국을 통일하는 데 크게 이바지하였다.

화랑도가 처음 제도로 만들어진 것은 진흥왕 말년(576)의 일이었다. 진흥왕 때는 정치적 변화가 심했다. 법흥왕이 반포한 율령을 기초로 왕권을 강화하고 중앙집권적 지배체제를 세웠으며 진골 왕족들에게 국가 요직을 주어 진골들이 새로운 성격의 지배세력으로 대두할 기회를 마련해 주었다.

법흥왕 때까지는 신라 정치가 6부를 중심으로 운영되었다. 왕마저도 6부 중 한 부인 탁부(喙(啄)部)에 속했으며 왕족들은 6부에 흩어져 속했다. 나라에 중요한 일이 생기면 6부대표들이 모여 국정을 의논하고 이 회의에서 결정된 사항을 왕이 실행하였다. 그러나 진흥왕대부터 왕은 소속부가 없었고 중앙집권적 지배체제가 확립되어 6부의 결정보다 왕의 결정이 중요해졌으며 진골왕족들이 이러한 강력한 왕권을 뒷받침하였다.

화랑제도가 성립하는 데에는 유(儒)·불(佛)·선(仙)을 통합한 세속오계(世俗五戒)란 사상이라 하겠다. 이 사상은 승려 원광법사가 만든 것으로 불교와 관련된 내용은 '살생유택(殺生有擇: 죽이고 살리는 일은 가려서 하라)'이라 하겠고 유교사상과 관련된 내용은 '사군이사(事君以忠: 정성을 다해 임금을 섬겨라)'·'사친이효(事親以孝: 효도로써 부모를 섬겨라)'·'교우이신(交友以信: 벗과 사귀는 데 믿음으로써 하라)'이라 하겠으며 전통적 선과 관련된 내용은 '임전무퇴(臨戰無退: 전쟁에 임해서는 물러서지 말라)'라 하겠다.

## (8) 신라의 교육제도

신라에는 박사(博士)와 조교(助敎)가 있었는데 늦어도 진덕왕(眞德王) 5년(651)에는 정비되었다. 이로 보아 신라에서도 국가적 차원에서 교육과 학문활동이 활발하게 이루어졌음을 알 수 있는데 「임신서기석(壬申誓記石)」의 명문을 보면 신라의 두 젊은이가 유학경전을 3년 안에 익힐 것을 맹세한 구절이 있는 사실에서 신라인의 학문과 교육에 대한 열정을 엿볼 수 있다. 그 후 신라가 삼국을 통일하면서 당나라 교육기관을 본받아 신문왕 2년(682)에 국학을 설치하였다.

## (9) 신라의 경제제도 - 식읍제(食邑制)와 녹읍제(祿邑制)

식읍제는 왕실의 성원이나 대공신 등 극히 일부 특정 인사에 한정하여 내려준 특별 급여제라 하겠다. 일부 특정 인사가 왕에게 충성하기를 기대하면서 토지를 지급하였던 것이다. 지역지배를 내용으로 하는 식읍제는 금관가야의 왕이 신라에 투항하였을 때 진흥왕이 금관가야의 왕에게 본국을 식읍으로 삼게 한 532년까지에도 어느 정도 유지되었다.

다만 이 시기 식읍제의 지역지배는 국가의 지방지배제도인 주군제(州郡制)의 틀 속에서 규제되어 상당한 제약을 받았는데 농업생산력이 더욱 발전하게 되면서 지역지배의 관행은 변화를 겪게 되었고 정치 사회조직이 정비되면서 그러한 관행은 국가적으로 용납되기 어려워졌다. 국가는 관료제와 군현제를 근간으로 하는 공적제도장치를 마련하여 기존의 사적 지배 관행에 규제를 가하였다.

이러한 발전적 변화의 결과 새로운 경제제도로 성립한 것이 녹읍제이다. 녹읍이란 국가가 일정지역의 백성과 토지에 대한 지배층의 사적 기득권을 등급에 따라 경제적으로 공인해준 것을 의미한다. 따라서 녹읍은 국가로부터 상당한 공적 규제를 받았을 것이다. 녹읍제는 수조권적 지배라고 할 수 있는데 수조권이란 토지에서 산출한 생산물의 일정 비율만을 수취할 수 있는 권리를 말하며 개인이 일정 지역의 백성과 토지에 대하여 포괄적으로 지배할 수 있었던 지역 지배와는 질적으로 달랐다.

그러나 녹읍제를 시행했다고 해서 지배층이 백성과 토지를 사적·포괄적 지배, 곧 '지배 지배'하는 관행이 쉽게 사라질 수 없었다. 그러자 국가는 녹읍제 시행 이후 녹읍에 대해 규제와 감시조치를 꾸준히 취했는데 문무왕 17년(677)과 22년(682)에 좌우사록관(左右司祿官)을 설치한 것이 바로 그것이다. 나아가 신문왕 9년(689)에는 녹읍 자체를 폐지하기에 이르렀는데 녹읍을 없애는 대신 국가가 녹읍주(祿邑主)에게 매년 세조(歲租)를 지급하는 월봉(月俸)으로 바꿔놓았다. 그런데 국가가 모든 녹읍을 직접 관리하는 세조 지급 체제는 8세기에 들어서면서 점차 국가의 행정부담을 가중시키게 되자 경덕왕 16년에는 국가의 부담을 덜기 위해 녹읍을 다시 부활하였기도 하였던 것이다. 물론 이 시기에 부활된 녹읍은 그 이전시기와는 성격을 달리했을 것으로 보인다.

## 참고문헌

이기백 · 이기동, 『한국사강좌 I』, 일조각, 1982.
국사편찬위원회, 『한국사 7』, 1997.
김기섭, 『주제별로 풀어쓴 한국사 강의록－고대편』, 가람기획, 1998.
서의식 · 강봉룡, 『뿌리 깊은 한국사 샘이 깊은 이야기』, 솔, 2002.

# 10

가야(加耶)의
정치와 사회

# 1) 가야의 또 다른 신화 — 대가야 이진아시왕(伊珍阿豉王) 신화

대가야왕 이진아시에 대한 신화는 그 내용이 매우 간략한데 이를 소개하면 다음과 같다.

> "가야산신(伽倻山神) 정견모주(正見母主)가 천신(天神) 이비가지(夷毗訶之)에게 감응되어 대가야왕(大伽倻王) 뇌질주일(惱窒朱日)과 금관국왕(金官國王) 뇌질청예(惱窒靑裔) 두 사람을 낳았다. 뇌질주일은 이진아시왕의 별칭이고 뇌질청예는 수로왕의 별칭이다."

위 신화의 전체적인 구조는 천신(天神)과 지모신(地母神)의 결합에 의한 출생신화로 되어 있다. 그런데 위 신화에서는 난생의 요소가 전혀 보이지 않는다. 그러나 대가야가 있던 지금의 고령지역에는 정견모주가 알을 두 개 낳았는데, 하나는 그대로 머물게 하고 다른 하나는 낙동강 하류로 흘려보냈다고 하는 민간전승이 전해지고 있다는 점에서 위의 기사는 계보만 간략히 소개하기 위해 상세한 내용을 생략한 것으로 보인다. 그렇기 때문에 위의 신화에는 난생(卵生)의 요소가 전혀 드러나지 않았던 것이다.

또한 위 신화에서는 대가야의 시조 이진아시왕과 금관가야의 시조 수로왕이 형제관계로 되어 있다. 그런데 이에 대해 초기에는 가야 제국의 주도권이 금관가야에 있다가 나중에는 그것이 고령의 대가야로 넘어가면서 '대가야'라는 칭호가 금관가야로부터 고령의 가야로 옮겨가고 아울러 대가야의 시조 이진아시왕과 금관가야의 시조 수로왕이 형제관계로 묘사된 것이라 추정하기도 한다.

## 2) 가야 제국의 형성

### (1) 형성배경

한반도 남부의 경상도지역에서는 기원전 6~5세기경부터 고인돌(지석묘)·민무늬토기(무문토기) 계통의 농경문화가 시작되었다. 정착과 농경생활이 계속되면서 점차 부를 축적하고 취락 내의 신분차이가 심화되면서 거대한 고인돌을 축조할 수 있는 군장세력들이 나타나게 되었다. 이후 기원전 1세기경에는 위만조선의 유이민과 그들의 문화가 경상도지역에 직접 파급되어 오면서 발달한 청동기와 소박한 철기문화를 배경으로 한 사회통합 기반이 조성되기 시작하였다. 다만 유이민 이주의 정도는 지역에 따라 차이가 있어서 한반도 서북지방 문화의 직접적 흔적이 창원 등의 경남 해안지역보다 대구·경주지역 등의 진한지역에 상대적으로 많이 남게 되었다.

그리하여 기원후 1~2세기경에는 지역에 따라 상당한 문화축적을 이루어 경상도지방의 경주·김해 등지에 좀 더 큰 단위의 무덤(고분) 및 생활유적을 영위하는 세력들이 나타나게 되었다. 그들은 기존의 축적된 기반을 토대로 삼아 당시 한반도 주변에서 가장 선진적인 문화를 보유한 한(漢)의 상업기지인 낙랑과 직·간접적으로 교류를 가지면서 발전을 도모하여 갔다. 특히 해운입지조건이 좋은 경남 해안지대의 세력들은 좀 더 적극적으로 낙랑과의 교역을 통하여 진한지역에 대한 상대적 열세를 극복하고자 하였다.

이는 기원후 2~3세기경의 가야지역, 즉 변한지역에 한정하여 유적의 분포상황을 살펴볼 때 생활유적 및 무덤유적들이 대부분 낙동강 하류 부근의 경남 해안지역에 집중되어 있고 낙동강 상류 및 서부 경남의 내륙 산간지방에는 그 유적의 분포가 비교적 드물다는 점에서 주목되며, 변한지역 가운데에서도 주로 경남 해안지역의 활발한 발전상이 이 지역에 가야제국의 형성을 촉진시킨 원동력이 되었으리라 추정된다.

## (2) 존재양태

『삼국지』 위서 한전에서는 낙동강 유역에 작은 나라들이 널리 존재한 이후인 3세기 전반의 상태를 서술하고 있다. 이 기록을 통해 변진(변한) 12국, 즉 가야 제국들의 존재형태를 살펴볼 수 있다. 가야는 이 변진 12국을 모태로 출발한 것이며 여러 나라들이 통합과정을 거쳐 6가야로 형성되었는데[19] 가야 제국의 수가 정확히 얼마나 되는지는 현재로서는 알 수 없는 실정이다.

아무튼 3세기 전반 당시에 변진 12국은 각기 2천호 정도를 지배하는 독립세력으로 상대적인 규모의 차이가 존재하는 상태였다. 이러한 상황은 마한 50여개 국이나 진한 12개국의 경우와도 대략 비슷하였다. 그리고 국읍에 비록 주수가 있었으나 읍락들이 잡거하여 서로 잘 제어하지 못했다. 또한 금・은・비단 등은 보배로 여기지 않았으나 구슬을 귀히 여겨 몸에 치장하였는데 이러한 사실은 변진에서도 이미 사치품을 선호하는 계층이 형성되고 있었던 것으로 볼 수 있다.

나라 안에 일이 있거나 관가에서 성곽을 쌓고자 할 때 나이가 어리고 용감하며 건강한 사람들이 고역을 치렀다고 한다. 이는 행정실무를 담당하는 관가(官家)가 존재하고 있었으며 이들의 정치적 필요에 따라 인력을 동원하는 체제가 형성되어 있었던 점에서 주목된다. 그리고 국읍 내에 정치적 기능을 담당하는 주수와 달리 천신에 대한 제사를 주관하는 천군이 있었다고 하므로 지배권력의 성격이 초기 왕권의 제정일치적 성격에서 진일보한 제정분리단계의 것이기도 하나 아직 초월적인 왕권을 구축하지 못한 단계라고 볼 수 있다.

변진은 진한과 잡거하고 또한 성곽이 있었으며 의복과 거처가 진한과 같고 언어와 법속도 서로 비슷하나 귀신에게 제사지내는 것은 차이가 있었다고 하므로 변한이 지리적 위치나 민족과 문화면에서 진한과 비슷하나 신앙 면에서는 약간의 차이가 있었던 것으로 보인다.

---

19) 『삼국유사』에 의하면 가야의 6가야는 금관가야(金官伽耶), 아라가야(阿羅伽耶), 고령가야(古寧伽耶), 대가야(大伽耶), 성산가야(星山伽耶), 소가야(小伽耶) 등이라 한다.

## 3) 가야 제국의 발전과 쇠망

### (1) 가야 제국의 발전

가야 제국들은 주로 경상도 남해안 일대에 분포하면서 대외교역을 통해 발전해 갔다. 특히 이 지역에 풍부하게 매장된 철은 바다 건너 왜는 물론이고 낙랑군과 대방군에까지 수출했던 것으로 유명하다. 오늘날 김해지역에 있던 가락국은 그들의 최대교역상대인 낙랑군과 대방군, 왜를 중개하는 무역을 통해 가야 제국의 정치 군사적 연대를 이끌어갔다.

『삼국지』「동이전」에서는 이를 **구야한국(狗耶韓國)**이라 했는데 당시 변진 12국의 하나인 **변진구야국(弁辰狗邪國)**을 말하며 바로 수로왕이 세웠다는 '대가락(大駕洛)'을 가리키며 금관국이라고도 한다. 금관국은 막대한 국제 중개무역으로 이익을 얻는 한편 나머지 가야 제국을 통솔하는 맹주적 지위를 확보하였다.

> ※ 변진 12국 - 변진미리미동국(弁辰彌離彌凍國)·변진접도국(弁辰接塗國)·변진고자미동국(弁辰古資彌凍國)·변진고순시국(弁辰古淳是國)·변진반로국(弁辰半路國)·변진악노국(弁(辰)樂奴國)·변진미오야마국(弁辰彌烏邪馬國)·변진감로국(弁辰甘路國)·변진구야국(弁辰狗邪國)·변진주조마국(弁辰走漕馬國)·변진안야국(弁辰安邪國)·변진독로국(弁辰瀆盧國)

하지만 다른 가야 제국들도 남해안 일대에서 활발한 대외교역을 통해 독자적으로 성장해온 터라 대외교역에서 금관국으로부터의 간섭을 배제하고자 하였다. 이에 금관국은 기원후 1~2세기경에 낙동강 동쪽에서 진한 제국의 맹주국으로 떠오른 사로국과 군사대결을 이끌면서 가야 사회에 긴장감을 조성하고 내부 불만을 외부로 터뜨려 가야 제국에 대한 지도적 위치를 강화·유지해 나가려 하였다.

그러나 나머지 가야 제국들은 금관국의 이런 의도에 반발하였다. 금관국에 대한 가야 제국들의 불만은 결국 3세기 중반에 폭발하고 말았다. 즉, '포상팔국(浦上八國: 바닷가의 여덟 나라'[20]가 금관국에 대해 반발하여 난을 일으킨 것이다. 이에 금관국은 진한의 사로국에 도움을 요청할 정도로 위협과 위기 상황을 맞이하게 되었다. 반면 사로국은 이를 계기로 변한 제국에 대한 영향력을 확대해 갈 수 있는 호기로 여겼기 때문에 즉각적으로 군사를 보내어 난을 진압하였다.

그리하여 금관국은 변한지역으로 정치 군사적 영향력을 확대해 나가려는 사로국을 견제하면서 가야 제국들에 대해서는 주도적 지위를 고수·강화해 나가야만 했다. 그런데 금관국의 그러한 노력은 마침내 성과를 거두어 3세기 전반에 자국을 중심으로 한 세력권을 형성하게 되었으니 학계에서는 이를 '전기가야연맹체'라 부르고 있다.

그러다가 4세기에 접어들면서 한반도 주변 정세를 획기적으로 변화시킨 일대사건이 일어난다. 즉, 고구려와 백제로부터 협공을 받고 낙랑군과 대방군이 한반도에서 쫓겨난 것이다. 그 결과 국경을 마주한 고구려와 백제는 패권을 차지하고자 치열한 군사대결을 벌였고 이러한 주변정세의 대변동은 당연히 가야 제국에게도 큰 영향을 미쳤다.

먼저 낙랑군과 대방군−가야−왜로 이어지던 교역체계가 큰 타격

---

20) 낙동강 하류와 경남 해안 일대에 있던 8국으로 골포국(창원)·칠포곡(칠원)·고사포국(진해)·사물국(사천)·고자국(고성)·보라국(미상) 등 6국의 이름만 전한다.

을 받았던 것이다. 이에 가야는 낙랑과 대방을 대신할 교역상대를 찾아야 했고 백제가 가야의 교역상대로서 나선 것이다. 당시 백제는 중국 남조의 동진과 활발히 교역하고 있었는데 가야로서는 백제-가야-왜로 이어지는 교역체계를 새로이 형성할 수 있었던 것이다.

이러한 교역체계는 백제-가야-왜의 동맹관계를 공고히 함으로써 신라에 대한 공세를 더욱 높여갈 수 있었고 위기에 몰린 신라가 고구려에 대해 신민(臣民)임을 자청하면서 구원을 요청하기에 이른다. 400년에 고구려는 5만 대군을 신라에 파견하여 신라를 침략한 백제 및 왜군과 가야를 물리쳤다. 더불어 신라에 수비병을 두어 지키게 하였다. 고구려의 대공세는 김해 금관국을 중심으로 성립한 금관가야세력권, 소위 '전기가야연맹체'라고 부르는데 여기에 결정적 손상을 입혔다. 그리하여 금관국을 중심으로 한 '전기가야연맹체'은 무너지고 결국 금관국은 그 맹주적 지위를 잃고 말았다.

하지만 5세기 중반을 넘어서면서 가야 제국에서는 다시 재결합의 기운이 일어났고 현재의 고령지역에 세워진 대가야가 금관국을 대신해 가야 제국을 주도하게 된다. 이를 학계에서는 '후기가야연맹체'라 부른다. 고령의 대가야는 지형상 고구려의 공세를 직접 받지 않았을 뿐만 아니라 풍부한 철산지가 있어서 새로운 맹주세력으로 등장할 수 있는 여건을 두루 갖추고 있었다. 그리하여 대가야는 시조가 산신과 천신 사이에서 태어났다는 신화를 만들어내고 금관국과도 형제관계임을 천명하여 새로운 맹주국으로서 정통성을 드러내고자 하였다.

이처럼 소위 '후기가야연맹체'가 형성된 5세기 후반에 주변정세는 다시 큰 변화를 맞이하게 된다. 그 변화는 고구려의 남진정책으로 일어나게 되었던 것인데 이는 고구려에게 한성을 빼앗기고 웅진으로 천도한 백제는 물론이고 고구려의 영향권에 있었던 신라마저도 커다란 위기의식을 느끼게 했다. 그리하여 백제와 신라는 고구려의 남진을 막고자 서로 동맹국이 되었고 대가야 역시 이 동맹의 일원으로 참여하기도 하였다.

5세기 후반에 대가야는 삼국관계의 새로운 변수로 등장한 것이다. 대가야의 성장은 6세기에 접어들어 삼국의 세력균형상태가 지속되면서 한동안 더욱 높아졌다. 한때 대가야는 백제와 영토분쟁을 벌여 오늘날의 남원지역인 기문지역(己汶地域)을 빼앗기까지 하였다. 이처럼 대가야는 당시의 국제적 상황이 자국의 안녕과 영토확장이란 목적을 위해 우호관계와 전쟁이 반복되고 있던 현실을 직시하고 있었으며 그와 같은 이해관계에 따라 협력관계를 유지하였던 나라에 대해서 자국의 이익을 위해서라면 군사적 공격도 서슴지 않았다. 이는 국제관계가 오늘의 동맹이라도 내일의 적이 될 수 있다는 냉정한 상황과 부합된다.

## (2) 가야 제국의 분열과 쇠망

대가야는 '후기가야연맹체'를 결성한 후 영역을 팽창하는 가운데 백제와 대립하여 백제가 가야를 사이에 두지 않고 직접 왜와 교역하기를 모색하였으므로 가야 제국은 백제를 중심으로 한 국제질서에서 소외되었다. 그리하여 대가야는 신라와의 우호관계를 맺기 위해 결혼동맹을 추진하였는데, 522년에 대가야의 이뇌왕(異腦王)이 신라에 청혼하게 되었고 이에 법흥왕이 이찬(伊飡) 비조부(比助夫)의 누이동생을 보내줌으로써 대가야와 신라 사이에 결혼동맹이 성사될 수 있었다.

이렇게 성립된 가야와 신라 사이의 동맹관계는 한동안 우호적으로 지속되는 듯했다. 하지만 얼마 후 가야와 신라 사이에는 결혼동맹을 둘러싸고 분쟁이 일어났다. 신라가 처음 왕녀를 100여 명의 종자에 딸려 보냈는데 대가야왕은 그녀의 종자들을 가야의 각 지역에 분산시키면서 신라의 의관을 그대로 입도록 했다. 하지만 그들이 이를 들으려 하지 않자 대가야왕이 이들을 돌려보내려 하였다. 이에 대해 신라에서 이를 수치스럽게 여겨 왕녀를 되돌려 줄 것을 요구하였다. 그러나 대가야가 이에 반발하여 신라의 3성과 북경(北境) 5성을 공략하면서 양국의 결혼동맹은 파탄에 이르게 된다.

이처럼 대가야와 신라는 결혼관계를 맺었음에도 불구하고 두 나라 사이에는 미묘한 대립 내지 감정이 자리하고 있었다. 그 같은 배경에는 신라가 대가야와 결혼을 통해 우호관계를 맺고 있었으나 여전히 금관가야를 비롯한 가야 여러 제국들에 대한 군사적 공격을 감행하고 있었기 때문에 이에 대한 대가야의 불만이 폭발한 것으로 보인다.

하지만 대가야는 신라의 가야 제국에 대한 파상적인 공격을 제대로 제어할 수 없었다. 그것은 신라의 군사적 팽창이 대가야의 대외적 성장을 압도했기 때문이다. 특히 아라가야가 신라의 수중으로 넘어가기 직전 대가야는 신라의 북경을 간헐적으로 공략했을 뿐 아라가야에 대한 군사적 지원을 하지 못하는 매우 소극적인 처사를 보여주었다. 이 사건을 전후로 대가야와 그의 세력권은 주변 상황에 대한 대책에서 심한 갈등을 겪을 수밖에 없었다.

즉, 아라가야와 가까운 고성이나 사천지역은 아라가야가 신라에게 병탄되면 곧바로 신라의 직접적인 위협이 될 수 있는 처지에 있었다. 따라서 이들 지역에 있던 나라들은 대가야에게 군사적 지원을 강력히 주장하였을 것이다. 그러나 대가야가 끝내 아라가야에 대한 군사적 지원을 하지 않게 되자 가야 제국의 분열은 점차 가속화하게 되고 결국 이것이 대가야의 대외적 성장을 약화시키는 요인으로 작용했던 것이다.

설상가상으로 대가야의 정세는 매우 불안정했던 것으로 보인다. 그것은 대가야인 우륵(于勒)이 신라로 망명하였는데 그 동기가 대가야의 내분에 있었기 때문이다. 우륵은 대가야의 가실왕(嘉實王) 밑에서 음악을 관장하던 악사(樂師)였다. 그는 가실왕의 명으로 가야 제국의 여러 방언을 따라 12개의 악곡을 만들었는데, 이 12개 곡명은 우륵이 작곡하던 시기까지의 대가야세력권이었던 가야 제국의 중심지를 가리킨다.

따라서 당시 가야 제국은 대가야를 중심으로 인적 문화적인 교류가 행해지고 있었고 서로 다른 토착적 문화가 계속 존재하고 있었음을 보여준다. 이들 가운데에는 신라와의 인접성 등으로 인해 신라문화의 영향을 강하게 받은 나라도 있었던 것이다. 이에 따라 가야 제국은 분립적인 성격을 강하게 내포하고 있었기 때문에 대가야로서는 이들을 통합하는 일이 무엇보다도 중요했던 것이다.

하지만 이러한 대가야의 노력은 대가야내의 왕위를 둘러싼 다툼으로 인해 이뇌왕과 신라왕녀 사이에서 태어난 월광태자(月光太子)가 우륵과 함께 신라로 망명함으로써 수포로 돌아가고 대가야의 대외정책은 백제와의 우호관계로 다시 선회하고 만다. 그리하여 대가야는 백제와 공동작전으로 관산성(管山城)에서 신라와 전투를 벌이기도 했다. 하지만 이 전투에서 대가야와 백제는 신라에 패함으로써 대가야는 외교정책의 실패는 물론이고 정치적 경제적으로 엄청난 타격을 입으면서 쇠퇴의 길로 접어들게 된다.

그 후 555년부터 558년에 걸친 일련의 한강유역 점령을 마치고 난 신라가 가야 제국에 대한 병합을 본격적으로 착수하기 시작하였고 이에 아라가야가 신라의 수중으로 들어간 뒤 가야 남부지역은 거의 신라의 점령하에 들어가고 말았다. 대가야를 비롯한 가야 북부지역 역시 신라 진흥왕이 상당수의 중앙관료들과 비자벌(比子伐)·한성(漢城)·비리성(碑利城)·감문(甘文)의 사방군주(四方軍主)들을 대동하고 창녕(昌寧)까지 순수(巡狩)해 와서 군세(軍勢) 시위를 하고 일련의 사면 (赦免) 조치도 취하였는데 이는 대가야를 비롯한 가야 제국에 대하여 위협과 유화적 조치의 일환이라 하겠다.

이러한 신라의 위협에 대해 대가야가 어떠한 조치를 취하였는지 알 수 없지만 당시 대가야는 국내정세의 불안과 내분 등으로 인해 신라에 대해서 적극적인 군사공격을 감행하지 못했던 것으로 보인다. 그리하여 신라 진흥왕은 사다함과 이사부 등이 이끄는 군대를 대가야로 보내 공격케 했으나 대가야가 이에 맞서 제대로 싸우지도 못한 채 신라군에게 쉽게 무너짐으로써 마침내 대가야는 멸망하고 말았다.

## (3) 가야의 풍토와 지리

가야 제국들이 점유하고 있었던 지역은 비교적 오랫동안 근거지로 삼았던 곳으로서 낙동강 및 그 지류인 남강유역 일대의 땅이었다. 그 경계는 크게 보아 서쪽으로 지리산·덕유산 등이 둘러싸고 동쪽으로 가지산(迦智山)·비슬산(琵瑟山) 등이 둘러싸며 남쪽으로는 남해에 면하였다. 외부와의 교통 여건으로 보아 서쪽 및 북쪽으로는 지세가 험

하여 거의 막혀 있는 형세이며 동쪽으로는 산세가 있다 해도 드문드
문 뚫려 있는 형편이다.

가야지역은 기후가 온난하고 땅이 비옥하여 강변 및 해안을 따라
골고루 평야가 발달하였다. 그러나 곳곳에 나지막한 지맥이 뻗어 있
어 광활한 평원은 존재하지 않았다. 이를 지리적인 조건에 따라 둘로
나눈다면 낙동강 하류지역을 비롯한 경남 해안지대와 낙동강·남강
상류지역을 비롯한 경상 내륙 산간지대로 나눌 수 있다.

김해를 비롯한 경남 해안지대는 한반도 서북지방과 경상 내륙지방
및 왜를 연결하는 해운의 구심점으로 기능하고 있었다. 김해·부산·
양산·밀양 등이 낙동강의 수운을 이용할 수 있는 곳이고 창원·마
산·고성·사천의 경우 내륙수로는 없지만 서남해의 해상교역에는
어느 정도 참여할 수 있는 위치에 있었다. 함안은 해안에 직접 면해
있지는 않았어도 육상교통 요지에 있었다.

이에 비하여 낙동강 상류지역을 비롯한 가야지역 내륙 산간지방은
해운입지조건이 불리하다고 할 수 있다. 그러나 한편으로 농경의 이
점을 보유하고 있었다. 고고학적으로 이 지역의 농경문화전통은 유래
가 깊어서 기원전 6~5세기 이래 고령·산청·진양 등지에서는 고인
돌단계의 농경주거유적이 발견되기도 하였다.

원래 한반도 남부지방은 여름철에 기온이 높고 비가 많이 내리며
벼의 생육기간이 넉넉하여 농경의 최적지라고 할 수 있다. 그중에서
도 경상 내륙산간지방은 전국에서 가장 기름진 땅이었다. 이 지역은
농업입지조건이 매우 양호할 뿐만 아니라 철이 많이 생산되었는데
철정(鐵鋌)을 돈처럼 쓰기도 하고 한(韓)·예(濊)·왜·낙랑과 대방군
등에 철을 수출하기도 하였다.

## (4) 가야의 풍속

가야지역의 고분에서는 그 주인공이 살아생전 사용하였던 물건뿐만 아니라 부장하기 위하여 특별히 만든 물품들이 출토되고 있다. 이러한 부장풍속은 죽은 사람이 살아 있을 때와 같은 생활이 계속되기를 바라는 염원에서 유래한 것이다. 그러므로 동물을 순장한다거나 마구 또는 동물형상을 한 토기를 함께 매장하는데 가야지역에서는 합천 옥전고분의 마면주(馬面胄)가, 함안 도항리의 마갑(馬甲), 김해의 기마인물형토기 및 마형토우(馬形土偶), 오리모양의 토기 등이 출토된 바 있다.

또한 가야인들은 하늘을 자유롭게 날아다니는 큰 새의 깃을 함께 매장하면 죽은 사람의 영혼이 천계로 올라갈 수 있을 것이라고 생각하였다. 가야에서는 동물이나 토기 등을 부장하는 외에 사람을 매장하는 순장풍습도 있었다. 이러한 풍속은 피장자가 죽은 뒤에도 평상시의 생활이 재현된다는 내세사상에서 비롯한 것으로 보인다. 따라서 왕이나 귀족들이 죽으면 그 첩이나 신하 혹은 노예 등을 함께 매장하였다. 가야의 순장풍습은 고고학적인 발굴조사에 의해 확인할 수 있는데 예를 들면, 가야의 경우 고령 지산동 45호분과 창녕 교동 45호분에서는 시종자와 창고지기·무사 등이 주곽인 석실묘에 각각 순장되었다.

〈사진 1〉 가야의 무덤과 출토유물

# 참고문헌

이기백 · 이기동, 『한국사강좌 I』, 일조각, 1982.
국사편찬위원회, 『한국사 7』, 1997.
서의식 · 강봉룡, 『뿌리 깊은 한국사 샘이 깊은 이야기』, 솔, 2002.

# 11

## 남북국시대 신라(新羅)의 정치와 사회

## 1) 남북국시대(南北國時代)라는 용어의 해설

신라와 당에 의해 고구려와 백제가 멸망당한 이후 공존한 시기의 신라와 발해(渤海)를 가리켜 남북국이라고 처음 부른 것은 조선시대 실학자 유득공의 『발해고(渤海考)』 서(序)에서였다. 물론 신라 당대(當代)에도 발해를 북국(北國)으로 표현한 예가 있다. 그러나 이는 어디까지나 오늘날 우리가 생각하는 그런 동족의식을 내포하여 사용한 것은 아니다. 당시 신라에서는 자기 나라를 중심으로 하여 당(唐)나라를 서국(西國)이라 부르기도 했으며 발해와 일본 역시 서로 '남북(南北)' 으로 지칭한 경우가 있었기 때문이다.

## 2) (통일)신라의 정치제도

### (1) 중앙통치기구

#### ① 화백(和白)회의의 권력약화

화백회의는 신라 중대(中代) 이전시기에 국가의 중대사를 결정하던 회의체 기구로서 중대 이후에도 존속하였다. 그 의장인 상대등(上大等)이 계속해서 임명되고 있는 사실이 이를 증명해준다. 그리고 상대등은 신라 최고의 관직이었다. 그러나 화백회의의 위상은 중대 이후 점차 추락하게 되면서 국가의 정책을 결정하는 기관으로서의 중요성을 상실하게 된다. 그리고 정치의 실권은 다른 기구로 옮겨가게 된다.

#### ② 집사부(執事部)와 전제왕권(專制王權)

신라 중대 이후 정치기구의 핵심적 존재는 집사부였다. 집사부는 진덕여왕(眞德女王) 5년에 품주(稟主)를 개편하여 만든 것이었다. 품주는 국왕의 가신적 존재로서 재정도 담당하였는데 그 가신으로서의 기능을 확대시켜 재편성한 것이 집사부였다. 이 부서는 국왕과 일반 관부와의 중간에서 위로는 왕명을 받들고 아래로는 여러 관부를 통제하는 위치에 있었다. 따라서 집사부는 행정계통상 신라의 최고관부였다. 귀족(귀척)들의 합의기구인 화백회의 대신 집사부의 정치적 중요성이 커진 것은 바로 전제주의의 표현이라고 볼 수 있다.

여기에서 집사부의 장은 처음에 **중시(中侍)**라고 불렀고 경덕왕(景德王)대에 이르러 **시중(侍中)**으로 개칭하였는데 행정부의 수반으로서 상대등과 함께 신라 정치조직에서 가장 중요한 존재였다. 중시(시중)

는 국왕을 보좌하고 왕명을 받들어 밑으로 여러 관부를 거느리는 임무를 맡고 있었다. 인원은 한 명이고 임기는 3년이며 정기적으로 교체되었다. 그런데 중시(시중)는 종종 천재지변이 일어났을 때에도 왕을 대신해 교체되었다. 이는 정책을 집행해 나가는 과정에서 일어난 잘못의 책임을 지는 것으로 해석된다. 중시 밑에 2명의 **시랑(侍郎) 또는 전대등(典大等)**, 2명의 **낭중(郎中) 또는 대사(大舍)**, 2명의 **원외랑(員外郎) 또는 사지(舍知)**, 20명의 **낭(郎) 또는 사(史)** 등이 있었다. 이러한 관직구성은 행정적 성격이 강한 것임을 나타내준다.

## (2) 지방통치제도

### ① 왕경(王京)

왕경의 도시계획은 삼국시대 이래의 기존 왕궁이나 사원, 고분 등의 축조물과 조화시켜 이루어졌는데 당(唐)의 장안성(長安城)을 모범으로 하면서도 신라적인 특색을 가미하여 조성해 나갔다. 왕경의 행정구획은 **6부(部), 55리(里), 360방(坊)**으로 짜여 있었으며 6부별로 이를 관할하는 관부가 설치되었는데 이를 **육부(六部)소감전(少監典)**이라 한다. 6부(部)는 사로 6촌 이래의 전통적인 색채를 지니고 있었으며 그 밑에는 55개의 리(里)가 있었는데 역역(力役) 동원의 단위가 되었고 리(里) 아래의 360방(坊)은 당 장안성의 조방제(條坊制)를 실시하는 데 따른 구획이었다.

## ② 5소경(小京)과 진(鎭)

### ▣ 소경(小京)

소경은 이미 통일 이전시기부터 실시되었다. 일찍이 지증왕(智證王) 15년(514)에 **아시소경(阿尸小京: 안강)**이 설치되었으며 진흥왕(眞興王) 18년(557)에는 **국원소경(國原小京: 충주)**이, 선덕여왕(善德女王) 8년(639)에는 **북소경(北小京: 강릉)**이 설치되었다. 이같이 소경은 이미 설치되어 있었으나 아직 전국적으로 체계 있게 정비된 것은 아니었다. 그러다가 아시소경과 북소경이 폐지되고 통일 뒤인 문무왕(文武王) 18년(678)에 **북원(北原)소경(원주)**이, 동왕 20년(680)에는 **금관(金官)소경(김해)**이 설치되었고, 신문왕(神文王) 5년(685)에는 **서원(西原)소경(청주)과 남원(南原)소경(남원)**이 설치되면서 국원소경과 함께 모두 5소경이 완성되기에 이르렀는데 이때 국원소경은 중원(中原)소경으로 변경되었다.

5소경은 지방세력을 견제하는 역할을 담당하였다. 이러한 견제역할이 필요했던 것은 신라가 정복한 국가의 귀족들을 사민(徙民)정책에 의하여 강제로 이주시켜 살게 했기 때문이었다. 가령, 중원소경에는 대가야의 귀족들이, 남원소경에는 고구려의 귀족들이 옮겨와 살았는데 중원소경의 강수(强首)·우륵(于勒)이나 김생(金生), 남원소경의 고구려인 악사(樂師)나 법경(法鏡) 같은 승려의 존재가 이를 증명해준다.

소경의 관할구역은 작지만 그 장관인 **사대등(仕大等) 또는 사신(仕臣)**의 지위가 주(州)의 장관과 비슷하게 높다는 점에서 소경의 중요성을 알 수 있다. 그런데 이러한 피정복국민들은 그들의 원래 신분이나 관등에 따라서 신라의 일정한 신분체계 속에 재편성되었다. 즉, 가야

왕족인 구형(仇衡)이나 고구려왕족인 안승(安勝)과 같은 일부 피정복인들은 왕경에 살면서 진골(眞骨)로 편입되기도 하였고 이외의 대다수 귀족들은 대개 소경에 살면서 육(六)두품 이하의 신분에 편입되었는데 비록 소경이 왕경에 준하는 대우를 받는다 하더라도 소경인들은 왕경인들에 비하여 출세의 제약을 받았다.

▣ 진(鎭)

태종 무열왕 5년(658)에 실직(悉直-강원도 삼척)에 북진(北鎭)을 설치한 이후 패강진(浿江鎭: 황해도)·청해진(淸海鎭: 전남 완도)·당성진(唐城鎭: 충청도)·혈구진(穴口鎭: 강화도) 등의 군진이 설치되었다. 진은 주로 접경지역이나 해안에 위치한 군사적 중요지역에 설치한 특별행정구역이었다.

③ 주(州)·군(郡)·현(縣)

통일 이후 신라의 기본이 되는 지방제도로서 주는 통일 이전에도 영토의 확장에 따라 차례로 설치되어 온 것이지만 백제와 고구려를 멸한 뒤에 새로이 편입된 지역을 포함하여 신문왕 5년(685)에 전국을 9주로 정비하였다. 주의 장관은 원래 **군주(軍主)**라 하였는데 태종 무열왕 때에는 **도독(都督)**이라 불렀고 신문왕 때에는 **총관(摠管)**이라 칭하였다. 이 총관은 규정상 급찬(級湌) 이상 이찬(伊湌)까지의 관등을 가진 사람이 임명되는 것으로 되어 있어서 육두품 출신도 이에 임명될 수 있었으나 현실적으로는 진골이 독점하다시피 하였다.

주 밑에는 전국에 117 내지 120개의 군과 293 내지 305개의 현이 있었다. 군의 장관은 **군태수(太守)**, 현의 장관은 **소수(少守) 혹은 현**

령(縣令)이라 하였다. 주 군 현의 명칭은 종래 전통적인 명칭을 그대로 사용하는 것이 원칙이었다. 그러던 것이 경덕왕(景德王) 16년(757)에 이들 명칭을 모두 한화(漢化)시켜 버렸다. 가령, 사벌주(沙伐州)를 상주(尙州)로, 수략주(首若州)를 삭주(朔州)로 고친 것 같은 것이 그렇다.

### ④ 촌(村)과 향(鄕)·부곡(部曲)

촌은 행정적으로 소경과 주·군·현 밑에 위치하며 몇 개의 자연촌이 합쳐져서 이루어진 것이다. 이러한 사실은 일본 정창원(正倉院)에서 발견된 신라장적(新羅帳籍)에 의해 알 수가 있었다. 위의 장적은 4개 촌의 것이 남아 있는데 그 중에서 촌주(村主)에 할당된 촌주위답(村主位畓)은 1개 촌에만 기록되어 있다. 그러므로 촌주는 4개 자연촌 중에서 1개 자연촌에만 있었다는 말이 된다. 따라서 촌주가 관할하는 행정촌은 몇 개의 자연촌으로 구성되었다고 보는 것이다.

행정촌에는 그 지방의 토착세력가를 촌주로 임명하여 중앙으로부터 지방관이 파견된 지방행정기관의 통제를 받도록 하였다. 촌주는 통일 이전부터 있었으나 통일기에 이르러 중앙으로부터의 지방통제가 진전됨에 따라서 그 지위가 법제적으로 더욱 명확하게 규정된 것이다. 가령, 신분적으로는 그들을 **진촌주(眞村主)**와 **차촌주(次村主)**로 나누어 이를 중앙귀족의 오두품과 사두품에 해당되는 것으로 규정하였고 현령과 소수의 통제 밑에서 행정촌의 일을 담당하도록 하였으며 관등에서는 중앙귀족과 마찬가지로 경위(京位)를 받게 하였다. 이러한 촌주와 비슷한 위치에 있는 벼슬아치에 주·군·현의 '리(吏)'가 있다. 이 리는 촌주와 같이 토착세력출신이지만 일종의 말단 행정보좌직으로서 중앙정부에 대한 의존도는 촌주보다도 더 컸다.

이와 같은 촌주나 주군현의 리들을 통제하기 위하여 중앙정부에서는 **상수리(上守吏)**라고 하는 제도를 마련하였다. **상수리는 외주(外州)의 리(吏) 한 사람을 상경(上京)시켜 왕경의 여러 관부를 지키게 하는 제도였다.** 이는 통일 이후 전제(專制)왕권을 중심으로 한 중앙집권체제가 강화되면서 신라중앙정부가 지방토착세력을 통제하는 하나의 방법으로서 마련하였던 것이라고 볼 수 있다. 주·군·현 밑에는 향과 부곡도 있었고 행정계통상의 위치로는 촌과 비슷하였다. 그런데 촌과 향·부곡의 차이가 주민의 신분에 따른 것인지 아니면 직업상에 따른 것인지는 분명치 않다.

## 3) 군사(軍事)조직

### (1) 시위군(侍衛軍)

시위군으로서는 왕궁 **시위부(侍衛府)의 3도(徒)**가 있었다. 시위부는 국왕을 보호하는 임무를 지닌 군사조직으로서 처음 만들어진 것이 진평왕(眞平王) 46년(624)이었다. 이때 처음으로 **대감(大監) 6명**을 두었는데 진덕여왕(眞德女王) 5년(651)에 3도(徒)로 나누어 편성되었다. 그러다가 신문왕(神文王) 원년(681)에 장군 6명이 설치되었다. 이 해에 김흠돌(金欽突)의 반란사건이 일어났고 이를 계기로 신문왕은 귀족세력에 대한 탄압을 행하여 상대등이었던 군관(軍官)을 위시한 많은 귀족들을 숙청하였다. 그 직후에 시위부에 **장군(將軍) 6명**을 두는 조치를 취하였다. 그러므로 이 군사조직은 왕의 시위부대를 강화하여 귀족들의 위협으로부터 왕권을 보호하고자 하는 목적이 강했던 것으로 파악된다.

## (2) 중앙군사조직

왕경의 핵심적 중앙군으로서 기능을 지닌 것이 **9서당(誓幢)**이었다. 통일 이전시기 신라를 대표하는 군사조직이 6정(停)인데 대해서 통일 이후의 신라를 대표하는 군사조직이 바로 9서당이다. 이 9서당은 신라민과 함께 백제와 고구려유민들을 포함시켜 조직된 부대였다. 그리고 9서당은 옷깃의 색깔(衿色)에 의하여 구별하는 획일적인 부대명칭을 지니고 있었는데 이러한 획일성은 통일 이전시기의 귀족적 전통을 부인하는 것이며 국왕에 직속된 부대였던 결과인 것이다. 따라서 9서당은 통일 이후의 전제왕권을 뒷받침하는 군사조직이었다.

## (3) 지방군사조직

통일 이후 지방에 배치된 군사조직으로서 가장 중요한 부대가 **10정(停)**이었다. 10정은 지명에 정(停)자가 붙은 명칭이 『삼국사기』에 기록되어 있을 뿐 그 위치는 밝히지 않고 있다. 다만 신라의 9주(州)를 기준으로 하여 각 주에 하나씩의 정을 설치한다는 원칙하에 배치되어 있었고 그 가운데에 한주(漢州)는 그 지역이 넓을 뿐 아니라 국방상의 요지이기 때문에 2개의 정이 설치되었다. 더구나 10정은 지방의 정치적 경제적 중심도시인 주치(州治)에 가까운 곳에 위치하고 있었다. 10정 이외에 **5주서(州誓)**가 있었다. 5주서는 주(州)를 단위로 배치된 군대로서 **청주서(菁州誓)·완산주서(完山州誓)·한산주서(漢山州誓)·우수**

주서(牛首州誓)·하서주서(河西州誓)가 있다. 이외에도 **만보당(萬步幢)·3변수당(邊守幢)·여갑당(餘甲幢)과 법당(法幢)** 등이 있다.

## 4) 경제제도

### (1) 귀족의 경제기반

통일 이후 신라 귀족들은 국가로부터 관료전(官僚田)과 세조(歲租)를 받았다. 먼저, 관료전은 재직하고 있을 때 토지를 받지만 물러나면 곧 국가에 반납해야 했다. 이 점은 세조(歲租)도 마찬가지였는데 곡식을 받는다는 것이 차이가 있을 뿐이다. 물론 귀족들에게는 사유지(私有地)가 있었다. 목마(牧馬)장이라든가 해도(海島) 목장(牧場)도 있었다. 예를 들면, 혜공왕(惠恭王) 4년(768)에 일어난 대공(大恭)의 난이 진압된 뒤에 대공과 그 일당의 재물을 모두 왕궁으로 실어 날랐다고 한다. 또한 『삼국사기』에 의하면 신라 하대(下代)에 들어서면 35금입택(金入宅)이라 하여 왕경에 상당히 부유하고 윤택하게 사는 집이 많았던 것으로 기록되어 있다. 이러한 귀족들의 재부는 그들의 광대한 사유지를 전제로 하지 않고서는 이해가 되질 않는다.

### (2) 농민과 정전(丁田) 및 연수유답(烟受有畓)·전(田)

농민은 토지를 직접 경작하는 사람들이다. 신라의 농민들은 정전 및 연수유답·전 등을 국가로부터 받았는데, 정전의 경우 『삼국사기』에 의하면 신라 성덕왕(聖德王) 21년(722)에 처음으로 백성들에게 지급한 것으로 되어 있으며 이 정전은 곧 정(丁)을 기준으로 하여 준 토지란 뜻이다. 연수유답·전의 경우는 신라촌락문서인 「신라장적(新羅帳籍)」21)에 나와 있는데 호(戶)별로 경작하는 토지다. 이것은 아마도 농민들이 원래부터 소유하고 있던 자연농토였을 것이며 이에 대한 소유를 국가에서 인정해준 것으로 판단된다. 그러므로 신라의 농민은 정전 혹은 연수유답·전을 경작하는 자연농민이 그 대부분을 차지했다. 그리고 연수유답·전에는 촌주위답(村主位畓)이 포함되어 있는데 이는 촌주라는 직위를 가진 사람이 직접 경영하여 자신의 직접 그 수확을 가져가는 토지라고 하겠다.

촌락의 농민들은 자신의 연수유답·전뿐 아니라 그 밖에 촌락에 있는 관모답(官謨畓)·전(田), 내시령답(內視令畓), 마전(麻田) 등도 경작하였다. 관모답·전은 관유지(官有地)였고 내시령답은 내시령이라는 관직에 대하여 할당된 관료전(官僚田)이었으며 마전은 말 그대로 삼이라는 옷의 재료(衣料)를 국가에 바치는 토지였다. 이러한 토지들은 촌락의 농민들이 공동으로 경작하는 토지였고 이곳에서 경작하여 얻은 수확물은 모두 국가나 해당 관료에게 바쳤다. 그러므로 농민들은 연수유답·전으로부터 내는 세율 이상의 것을 내고 있는 셈이었다.

※신라의 삼대(三代)와 삼고(三古)

『삼국사기』
상대(上代): 제1대 혁거세왕부터 제28대 진덕왕까지

---

21) 1933년 일본 도다이사(東大寺) 쇼소인(正倉院)에서 발견된 남북국시대 신라의 고문서로 서원경(西原京: 청주)을 구성하는 모촌(某村)과 서원경 인접의 모현(某縣)을 구성하는 사해점촌(沙害漸村)·살하지촌(薩下知村)·모촌(某村) 등 모두 4개 촌락의 명세를 정리하였다. 문서작성시기는 경덕왕(景德王) 14년(755)이나 헌덕왕(憲德王) 7년(815)에 작성했을 것으로 보았으나 최근에는 효소왕(孝昭王) 4년(695)에 작성했을 것으로 보는 견해도 있다.

중대(中代): 제29대 무열왕부터 제36대 혜공왕까지
하대(下代): 제37대 선덕왕(宣德王)부터 제56대 경순왕까지

『삼국유사』
상고(上古): 제1대 혁거세왕부터 제22대 지증왕까지
중고(中古): 제23대 법흥왕부터 제28대 진덕왕까지
하고(下古): 제29대 무열왕부터 제56대 경순왕까지

# 참고문헌

이기백, 『신라정치사회사연구』, 일조각, 1974.
이기백 · 이기동, 『한국사강좌 I 』, 일조각, 1982.
신형식, 『통일신라사연구』, 삼지원, 1990.
이인철, 『신라정치제도사연구』, 일지사, 1993.
김기섭, 『주제별로 풀어쓴 한국사 강의록－고대편』, 가람기획, 1998.
서의식 · 강봉룡, 『뿌리 깊은 한국사 샘이 깊은 이야기』, 솔, 2002.

# 12

## 남북국시대
## 발해(渤海)의
## 정치와 사회

# 1) 발해의 건국

## (1) 고구려의 멸망과 주민이주

기원후 668년, 고구려가 멸망하자 고구려인들은 대부분 당나라의 통치를 받게 된다. 물론 이에 저항하며 고구려부흥운동을 벌인 사람들도 많았지만 이미 대세가 기울어진 뒤였기 때문에 그 웅대한 목표에 도달하지는 못했다. 부흥운동에서 실패한 사람들 중 상당수는 신라로 망명하거나 당나라의 통치권 밖으로 빠져나가는 길을 택하기도 했다. 반면 당나라의 통치권을 벗어나지 못하고 당나라의 포로가 될 수밖에 없었던 사람들 중에는 자기의 터전을 벗어나 당나라 각지로 강제 이주된 사람도 적지 않았는데 기록에 나타난 것만 해도 3만여 호를 넘는다. 이를 인구로 환산하면 보통 1호를 다섯 명 정도로 잡고 계산하면 15만 명 정도였다고 말할 수 있다. 이들의 대부분은 왕경과 그 부근에 거주하던 사람이거나 당나라에 끝까지 저항한 지역의 사람들이었을 것이다.

옛날 정복전쟁이 한창이던 때에는 어느 지역을 정벌하고 나면 그 지역에 거주하는 사람들의 일부 혹은 전부를 전혀 동떨어진 다른 지역으로 이주시킴으로써 반란의 소지를 없애는 방법이 널리 사용되었다. 그런데 당나라는 비단 고구려만이 아니라 주변 각지의 소수 종족 내지 국가를 자주 정복했고 그중 상당수를 고구려·백제인들처럼 수만 리 먼 곳으로 이주시켰던 것이다. 그리하여 7세기 후반 무렵 대능하(大凌河)의 중·상류지역에 위치한 영주지방에는 고구려 상층부를 형성했던 사람들 이외에도 말갈이나 거란인들이 많이 거주하고 있었다.

중국사서에 나오는 말갈은 송화강(松花江), 곧 지금의 흑룡강성과 길림성의 북부지역에서부터 백두산 인근지역에 걸쳐 거주하던 종족들로서 거주지역에 따라 속말(粟末)·백출(伯咄)·안차골(安車骨)·불열(拂涅)·호실(號室)·흑수(黑水)·백산(白山) 등으로 구분되는데 그중 흑수말갈이 가장 강했다. 이들 중 불열말갈과 흑수말갈을 제외한 나머지 부족은 고구려의 영역 속에 포함되어 고구려의 구성원으로서 활동했거나 예속되었던 것으로 알려져 있다. 특히 이들은 매우 용맹하고 사냥을 잘했기 때문에 고구려의 전위부대로서 이름을 떨쳤다. 따라서 고구려가 멸망하자 대부분의 말갈족은 큰 타격을 입었으며 일부는 강제 이주의 대상이 되었던 것이다.

거란은 서요하 상류, 곧 지금의 내몽고자치구에 있는 시라무텐강(西拉木倫河) 인근지역에서 유목생활을 하던 종족을 말한다. 이들 역시 말갈족처럼 여러 부족으로 나뉘어 살고 있었는데 고구려의 광개토왕·장수왕 때 일부가 정복되어 고구려에 예속되기도 했다. 그리고 당나라의 세력팽창에 대항하다가 실패함으로써 당나라의 직·간접적인 지배를 받게 되었으며 일부는 영주(營州) 등지로 끌려가 생활하게 되었던 것이다.

## (2) 대조영(大祚榮)의 귀환과 건국

한편 요동지역에서는 고구려유민의 저항이 계속되었던 데다가 기원후 676년에 새로이 설치한 요동성(遼東城)의 안동도호부(安東都護府)와 건안성(建安城)의 웅진도독부 운영마저 신통치 않아서 이 지역에 대한 당나라의 통치력은 매우 미약한 상태였다. 그러던 중 기원후 696년 5월에 영주에서는 거란족의 이진충(李盡忠)이 무리를 이끌고 일종의 독립투쟁을 일으켜 당나라를 매섭게 공격하자 인근지역이 매우 큰 혼란에 휩싸였다. 같은 해 9월에 이진충이 죽은 뒤로는 그의 처남인 손만영(孫萬榮)이 거란군을 이끌고 지금의 북경 근처까지 진격했다. 그러나 당나라와 결탁한 돌궐(突厥)에 의해 배후의 근거지가 함락됨으로써 이듬해 6월경 완전히 궤멸되고 말았다. 이러한 거란족의 독립투쟁을 사람들은 보통 중국 측의 기록에 의거해 '이진충의 난'이라고 부른다.

이 난이 평정된 뒤에도 일부는 당나라에 대항하는 군사활동을 포기하지 않았다. 특히 이진충이 군사를 일으킬 당시 강제로 끌려와 생활하던 다른 종족 집단들도 일부 난에 참가했거나 당나라의 통제를 벗어난 것으로 알려졌는데 그중 하나가 바로 걸사비우(乞四比羽)와 걸걸중상(乞乞仲象)이 이끄는 무리였다. 이들은 혼란을 틈타 자신들의 본거지가 있는 동쪽으로 이동했으며 요동지역에 각각 정착했다.

이때 당나라는 측천무후(則天武后)가 나라이름을 周로 바꾸어 다스리고 있었는데 걸사비우에게 許國公, 걸걸중상에게 震國公이라는 작호를 주며 회유했다. 그러나 걸사비우가 이를 거절하자 이진충의 부하였다가 항복한 거란의 장군 이해고(李楷固) 등을 시켜 공격하게 했다. 이해고의 군대는 먼저 걸사비우가 이끄는 무리를 격파한 다음 걸걸중상의 무리를 뒤쫓았다. 그런데 이때 걸걸중상은 이미 병으로 죽은 뒤였고 그의 아들인 대조영이 아버지를 대신해 무리를 이끌고 있었다. 대조영의 무리가 천문령(天門嶺)을 넘어 피신하자 이해고의 군대가 뒤쫓아가 공격했는데, 이 싸움에서 이해고는 간신히 빠져나올 정도로 대패했다. 천문령의 위치에 대해서는 정확하지 않지만 대체로 길림성의 혼하(渾河)와 휘발하(輝發河) 사이에 놓인 지금의 합달령(哈達嶺)으로 추정하고 있다.

이해고의 군대를 물리친 대조영은 걸사비우의 휘하에 있던 무리까지 한데 모은 다음 동모산(東牟山)에서 나라를 세우고 스스로 振國(또는 震國, 震旦)의 왕이라 칭하며 天統이라는 연호를 사용하니 이때가 기원후 698년으로서 고구려가 망한 지 30년이 되는 해였다. 동모산은 지금의 길림성 돈화시(敦化市) 현유향(賢儒鄕)에 위치한 산으로 이곳에는 해발 600m 정상부에 성산자산성(城山子山城)이 남아 있다. 그러나 대조영은 이곳에 오래 머물지 않고 곧 주변의 평지로 내려와 도시를 건설하였다. 그 도시가 지금의 어딘지는 분명하지 않지만 대부분의 연구자들은 성산자산성에서 동쪽으로 목단강(牧丹江)을 건너 약 5km 쯤 간 곳에 위치한 영승(永勝) 유적일 개연성이 높다고 말한다. 영승 유적 북쪽 인근에는 발해의 초기무덤으로 알려진 육정산고분군(六頂山古墳群)이 분포하고 있어서 학자들의 추정을 뒷받침하고 있다.

## 2) 발해의 출자(出自)

발해는 고구려의 후신으로 알려져 있다. 이는 발해의 영토가 과거 고구려의 영토와 대부분 일치한다는 점, 고왕 대조영이 고구려의 장군 출신이라는 점, 정치적으로나 문화적으로 고구려를 상당 부분 계승했다는 점 등에 근거한다. 그리고 나아가 발해의 지배계층은 소수의 고구려유민이며, 대다수 주민이 말갈족이라고 이해해왔다.

그러나 오늘날 중국정부는 발해가 당나라 때 속말말갈인에 의해 926년까지 중국의 동북지방과 러시아의 연해주에 걸친 광대한 지역에 건설했던 지방봉건정권에 불과하다고 주장한다. 이러한 주장의 밑바닥에는 55개에 달하는 소수민족을 모두 통치해야 하는 중국의 현실이 작용한 매우 정치적으로 왜곡된 입장이다. 다시 말하면 현재 중국의 영토에 포함된 지역의 역사는 모두 중국의 역사에 귀속된다는 일종의 원칙이 작용한 것이라 하겠다. 그래서 중국정부는 심지어 고구려조차 중국의 지방정권 정도로 간주한다.

이처럼 발해의 역사적 성격에 대한 이해가 서로 다른 이유는 발해 지배층의 종족계통에 대한 규명이 미흡하기 때문이다. 특히 왕실과 국가를 동일시하는 고대·중세적 역사관에 입각한다면 발해의 건국 주체인 대조영의 출신지는 발해의 국가 성격을 규정지을 수도 있을 정도로 매우 중요한데 그렇다면 발해를 건국한 대조영은 과연 어떤 사람이었을까. 그리고 그는 어떤 사람들과 함께 나라를 세웠을까.

## (1) 고려의 별종과 속말말갈

대조영의 출신에 대해서는 두 가지가 전해지고 있는데 '고(구)려의 별종과 속말말갈인'이라는 것이 그것이다. 먼저 고려의 별종이란 고구려의 별종을 말하는데 과연 어떤 의미를 갖고 있는 것일까. 왜 대조영을 그냥 고구려인이라 하지 않고 '고(구)려의 별종'이라고 소개했을까. 아마도 이는 대조영이 보통의 고구려인과는 다른 어떤 특징을 지니고 있기 때문일 텐데 대조영이 고구려인이기는 하지만 고구려왕실이 아닌 가문에서 태어났기 때문일 수 있다. 여기에는 고구려의 5부를 형성했던 집단 이외의 사람들이 포함되어 있었을 것이다. 가령, 말갈·옥저·동예인들이 이에 해당된다. 그리고 나중에 병합된 부여인 중 일부도 여기에 포함되었을지 모른다.

대조영이 말갈 출신일 가능성을 높여주는 사례로는 그의 아버지 걸걸중상의 이름을 지적할 수 있다. 처음에 걸걸중상은 말갈인이 분명한 걸사비우와 함께 행동했는데 이 두 사람의 밀접한 관계와 이름의 유사성 등으로 볼 때 걸걸중상 역시 말갈인이라 볼 수 있다. 또한 『구당서』에서 '발해말갈의 대조영은 본래 고려의 별종'이라 한 대목은 『신당서』의 '발해는 본래 속말말갈로서 고려에 부속되었는데 성은 대씨'라고 한 대목과 서로 통하는 것이다. '고려의 별종'이란 곧 '고려에 부속되어 있던 속말말갈'의 또 다른 표현이고 바로 이러한 점 때문에 『구당서』에서 발해를 가리켜 '발해말갈'이라 불렀을 것으로 보인다.

그러나 대조영이 비록 속말말갈 출신이었다고 해도 그것은 그의 가계에 대한 생물학적 접근성의 문제일 뿐이다. '고려별종' 내지 '고려의 옛 장군'이란 표현은 말갈인보다는 '고구려인'을 지향하고 있었다는 뜻으로 받아들여질 수 있기 때문이다. 그것은 걸사비우에 대해서는 말갈인이라 칭했지만 걸걸중상에 대해서는 전혀 그런 표현을 사용하지 않았고 대조영이란 이름이 가리키듯 상당히 고구려화되어 있다는 사실에서도 알 수 있다.

## (2) 발해 왕실의 고구려 지향성

대조영과 그 후손들의 고구려 지향성은 일본과의 외교과정에서 매우 뚜렷하게 드러난다. 『속일본기』의 기록에 따르면 기원후 759년에 발해의 문왕은 일본에 사신을 보내면서 스스로를 '고려국왕 대흠무'라고 불렀으며 일본에서도 발해의 국왕을 '고려국왕'이라 불렀던 것이다. 뿐만 아니라 '발해'를 가리켜 자주 '고려'라고 불렀으며 '발해의 사신'을 '고려의 사신'으로 표현한 사례가 일본 측 기록에는 꽤 많은 편이다.

대조영과 그의 후손들이 고구려 지향성을 띠게 된 데에는 과거 고구려의 핵심지배층이던 사람들이 발해의 건국과정에 깊이 참여하였고 이후 정계에서 활발히 활동한 사실 등이 적잖이 작용했을 것이다. 그것은 고구려 왕실의 성씨였던 高氏가 발해 역사상 大氏 다음의 大姓으로 등장한 사실에서도 알 수 있다. 즉, 발해사와 관련된 각종 기록을 검토한 결과 발해의 대외사절단의 大使와 副使에는 대씨 다음으로 고씨가 많이 임명되었으며 특히 고씨는 발해 관료사회에서 중추역할을 담당했을 개연성이 높은 것으로 밝혀진 것이다. 이처럼 발해는 말갈출신의 고구려인 대조영을 중심으로 과거 고구려의 핵심지배세력

들이 대거 참여하여 건국한 나라였으며 나라 안팎으로 고구려계승을
표방한 나라였다고 하겠다.

## 3) 발해의 정치체제와 문화

### (1) 발해의 3성 6부와 5경 15부 62주

　발해의 정치·행정조직은 3省 6部制로 알려져 있다. 발해의 3성 6
부는 정당성(政堂省)·선조성(宣詔省)·중대성(中臺省)의 3성과 충(忠)·
인(仁)·의(義)·예(禮)·지(智)·신(信)의 6부로 되어 있다. 정당성에서
입안·결의하고 의결한 사항을 선조성과 중대성에서 각각 3부씩 나
누어 맞는 체계였다. 국가의 의사결정은 정당성을 중심으로 이루어졌
으며 집행은 선조성과 중대성에서 이원적으로 이루어진다. 발해의 이러
한 의사결정은 삼국시대 정치회의체의 형식과 내용을 계승한 것이다.
　발해의 지방통치조직은 토착사회의 조직을 바탕으로 편제되었다.
발해는 토착사회의 지배자인 촌장의 토착적 지배권을 인정하여 수령
으로 임명·편제하고 이를 바탕으로 5경·15부·62주라는 지방통치
조직을 정비했다. 발해는 늦어도 9세기경에 5경제도를 실시하였다. 5
경은 다음과 같다. 상경은 지금의 흑룡강성 영안현에 위치한 동경성
(東京城) 발해진(渤海鎭), 중경은 길림성 화룡현 서고성자(西古城子), 남
경은 함경남도 신창군 토성리에 위치한 청해토성(靑海土城), 동경은
길림성 혼춘시의 팔련성(八連城), 서경은 길림성 혼강시의 임강진(臨江
鎭)에 비정된다.
　발해의 지방통치체제 가운데 가장 중요한 골격을 이룬 것은 15부

였다. 15부는 부여·숙신 등과 같은 각 종족들의 독자적인 생활권을 단위로 설정했기 때문이다. 용천부는 숙신의 옛 땅에, 용원부는 예맥의 옛 땅에, 부여부는 부여의 옛 땅에 설치하는 방식이었다. 15부에는 하부 단위로 62개의 주를 설치하였는데 각 부 단위에 소속한 주의 수를 보면 적게는 2개, 많게는 9개로 편차가 컸다. 이는 부가 인위적으로 구획된 행전단위라기보다는 각 종족의 독자적인 생활과 세력 범위를 그대로 인정하면서 설정되었기 때문이다. 그 아래에는 다시 100여 개의 현이 설치되었고 15부의 장관을 도독이라고 불렸으며 62주의 장관은 자사(刺史), 현의 장관은 현승(縣丞)이라고 불렸다.

## (2) 발해의 연호

정혜공주와 정효공주의 묘지명에는 그들의 아버지인 문왕을 가리켜 성인(聖人)·대왕(大王)·황상(皇上) 등으로 부른 대목이 있다. 또한 8세기 후반에 일본과 교류하는 과정에서는 발해의 문왕이 천손을 자칭하기도 했다. 이처럼 발해의 왕이 대왕이니 천손이니 하는 명칭을 사용한 것은 과거 고구려의 왕이 大王·太王·聖王·聖上 등의 용어를 사용한 것과 거의 같은 취지에서 나온 행동으로 보인다.

또한 발해에서는 거의 대부분의 왕이 중국과 다른 독자적인 연호를 사용했다. 연호란 어느 한 해를 부르는 명칭이다. 연호를 사용하는 것은 새로이 즉위한 왕이 자신의 즉위를 세상에 알려 새로운 시대가 열렸음을 홍보하거나 국가의 정치제도를 혁신하면서 분위기를 새롭게 한다는 의지를 세상에 널리 드러내기 위한 것이었다. 당시는 교통이 불편한 시절이었으므로 자기가 새로이 만든 달력, 자기의 즉위를 알리는 문구가 들어간 달력을 사용하게 하는 것이 무엇보다 빠르고 정확한 홍보방식이었다.

이러한 연호의 사용은 바로 天子의 권위를 상징하는 수단이기도 했다. 그렇기 때문에 중국의 입장에서는 주변 나라들이 중국황제가 정한 달력, 즉 연호를 사용하는 것에 대해 당연한 일로 받아들여졌다. 그것은 반대로 주변 나라의 왕이 독자적인 연호를 사용해서는 안 된다는 뜻이기도 하다. 그럼에도 불구하고 발해에서는 그러한 연호를 사용한 것이다. 이는 중국 중심의 세계관을 거부한 것으로 해석될 수 있다.

물론 고구려에서도 독자적인 연호를 사용한 적이 있다. 또한 신라에서도 연호를 사용했다. 그러나 그것은 어디까지나 한정된 시기의 일이었다. 예컨대 신라의 경우에는 법흥왕이 기원후 534년에 처음으로 건원(建元)이라는 연호를 사용한 이래 진덕여왕 때까지 開國·建國·大昌·홍제(鴻濟)·建福·仁平·太和 등의 연호를 사용하다가 여러 차례에 걸친 당나라 측의 항의로 650년에 결국 당나라의 연호를 사용하게 되었다. 고구려의 경우에는 광개토태왕 때 영락(永樂)이라는 연호를 사용한 사실만 확인되고 있다.

발해는 고왕이 대조영이 천통(天統)이라는 연호를 사용한 이래 말기까지 仁安·大興·寶曆·中興·正曆·永德·朱雀·太始·建興·咸和 등을 계속해서 사용하였다. 심지어 나중에 발해가 멸망한 뒤 그 유민이 세운 작은 나라 정안국(定安國)마저도 원흥(元興)이라는 연호를 사용할 정도였다. 그만큼 연호사용이 매우 자연스러웠던 것이다.

발해 측의 자연스러운 연호 사용은 중국 측에서 정한 각종 용어의 사용 제한규정마저 무시하게 만든 것으로 보인다. 중국 측의 용어 사용법을 보면 그 사람의 신분에 따라 적용되는 용어는 달라진다. 가령,

황제의 명령은 詔·制·勅·册으로 표현하며 태자의 명령은 令, 그 밖의 왕자·공주 그리고 주변국 왕이 내린 명령은 敎라고 했다. 그런데 발해는 이러한 규정에 구애받지 않고 '詔'라는 용어를 마음대로 사용했으며 심지어 선조성(宣詔省)이라는 관청까지 두었던 것이다.

발해가 이처럼 중국 중심의 세계관에서 벗어날 수 있었던 이유는 다음과 같이 정리될 수 있다. 첫째, 고구려에서 사용하던 용어를 계승함으로써 고구려 중심의 독자적인 세계관도 함께 계승했다는 점이다. 예를 들면, 天孫·大王·聖王 등의 용어가 그 증거이다. 둘째, 지리적으로 당나라와 멀리 떨어져 있어서 그들의 견제를 상대적으로 덜 받고 있었기 때문이라는 점이다. 실제로 발해보다 더 멀리 떨어진 곳에 있던 일본은 훨씬 더 강하고 분명한 일본 중심의 세계관을 지니고 있었다. 셋째, 주변의 말갈부족 등을 통제하고 복속시킴으로써 한편으로는 번국(藩國)을 거느린 중심국, 곧 황제나라로서의 지위를 누렸다는 사실이다.

## (3) 정리되지 못한 발해의 역사

기원후 926년에 발해의 마지막 왕인 대인선(大諲譔)이 수도인 홀한성(忽汗城)에서 거란군에게 항복함으로써 발해는 완전히 멸망했다. 그 전해인 925년에 거란의 태조가 발해 공격을 공식 발표하고 군대를 출정시킨 순간부터 발해왕의 항복에 이르기까지의 한 달에 걸친 전쟁과정은 『요사(遼史)』에 비교적 자세히 기록되어 있다. 『요사』는 거란이 세운 요나라의 역사를 기록한 책으로 원나라의 탁경탁(托克托) 등이 정리했다.

요나라는 거란인 야율아보기(耶律阿保機)가 기원후 907년에 세운 나라로서 1125년에 멸망할 때까지 중국 하북성 이북지역을 포함해 동북 3성(길림·요녕·흑룡강성)과 내·외몽고자치구, 러시아 연해주 그리고 지금의 몽골까지 차지한 대제국이었다. 요의 태조인 야율아보기 당시의 국호는 거란(契丹)이었으나 그의 아들인 태종이 즉위한 후 곧바로 나라이름을 '요'라고 바꾸었다.

요나라는 발해의 역사를 정리하지 않았다. 발해를 그들의 선행국가로 여기지 않았기 때문이다. 그것은 나중에 요나라를 멸망시키고 패권을 넘겨받은 금나라의 경우에도 마찬가지였다. 기원후 1115년에 건국해 1234년에 멸망한 금나라는 여진족의 국가였다. 그렇다고 발해인들이 직접 남긴 기록이 전하는 것도 아니다. 그들은 자신들의 역사를 미처 정리하지 못하고 거란에 멸망당한 것이다. 이럴 경우 발해의 뒤를 이은 나라가 발해의 역사를 정리하는 것이 일반적이지만 후속 왕조가 불분명해 정리해주지 못한 듯하다. 즉, 발해의 왕자를 비롯해 많은 유민이 고려로 망명함으로써 혈통과 관념이라는 측면에서는 고려가 계승국가라고 할 만하지만 영토를 모두 거란과 여진에게 빼앗기는 한계를 안고 있었기 때문이다. 그래서 발해에 대한 공식 역사기록은『구당서』와『신당서』등의 외국열전에 실린 간략한 소개가 전부인 것이다.

우리의 역사기록에도 발해는 큰 비중을 차지하지 못했다. 대표적인 고대사서인『삼국사기』에서는 기록의 편린마저 찾기 어려운 형편이며『삼국유사』에 전하는 단편적인 기록도 몇몇 사료의 소개에 불과한 형편이다. 아마도 관련 사료가 절대적으로 부족했기 때문인 듯한데, 그나마『삼국유사』와『고려사』등에 편린이라도 전할 수 있었던 것은 발해와 고려의 연계성이 작용했기 때문일 것이다. 그러한 연

계성은 시간이 흐를수록 더욱 뚜렷하게 드러나 조선시대의 유득공(柳
得恭)은 「발해고(渤海考)」라든가 「이십일도회고시(二十一都懷古詩)」와 같
은 글을 통해 고구려를 계승한 발해가 우리 역사의 중요한 축임을 강
조하기까지 했다.

여하튼 발해인들이 밟던 땅의 대부분은 지금 우리 소유가 아니다.
그래서 우리가 발해인들의 발자취를 조사하고 느끼기가 쉽지 않다.
더욱이 발해사에 대한 현지인들의 조사·연구는 아직 미진한 상태인
데다 발해의 국가성격을 한쪽 방향으로 끌고 가려는 정치적 의도가
매우 강해서 쉽게 접근하기가 어렵고 그들의 조사·연구 결과를 이
용할 때에도 조심성이 요구되기 때문이다.

## (4) 발해의 고분문화(古墳文化)

발해인들의 정체성을 보다 분명하게 파악하기 위해서는 우선 고분
에 관심을 두어야 할 것이다. 인간사회에서 장례의식과 무덤만큼 전
통을 중시하는 부분도 그리 많지 않기 때문이다. 고고학자들이 어떤
시대와 집단의 문화적 특성을 고찰한다고 할 때 여러 가지 문화유산
중 우선적으로 고분에 주목하는 이유도 바로 그것이 지니는 짙은 보
수성 때문이다.

발해시대의 고분은 각지에서 발견되지만 특히 주목되는 것은 中京
의 소재지였던 길림성 돈화시 일대와 화룡현 일대, 그리고 상경이 있
던 지금의 흑룡강성 영안현 일대이다. 북한의 함경도 일대에서도 발
해 고분이 확인·조사되었는데 그 수가 대략 1천여 기를 넘는다. 그
중 발해지배층의 무덤으로는 석실묘와 전실묘가 자주 거론된다.

발해 건국 초기의 무덤떼로 알려진 돈화시의 육정산 고분군에서는 지금까지 수십여 기의 무덤이 확인되었는데 그 중 1949년에 발굴·조사된 정혜공주묘(貞惠公主墓)는 당시 핵심 지배층의 문화적 분위기를 전해준다는 점에서 주목할 만하다. 정혜공주묘는 반지하의 석실분을 만들고 흙으로 덮은 이른바 봉토석실분인데 무덤 안에서는 묘지명 1점과 암수 돌사자 한 쌍 그리고 목관 조각 등이 발견되었다. 정혜공주 묘지명의 내용을 통해 피장자가 문왕 대흠무의 둘째 딸인 정혜공주이며 기원후 777년에 40세의 나이로 사망해 780년에 진릉(珍陵)의 서쪽에 배장(陪葬)된 사실을 알 수 있다. 진릉은 정혜공주의 할아버지인 무왕 대무예의 무덤으로 알려져 있다.

기원후 1980년에는 中京, 곧 지금의 서고성자 근처에 위치한 용두산(龍頭山) 무덤떼에서도 묘지명이 있는 무덤이 조사되었다. 땅을 4m 깊이까지 깊게 판 다음 바닥과 네 벽면을 모두 벽돌로 쌓아올린 이른바 전실묘(塼室墓)인데 무덤 안에서는 부부로 보이는 남녀 한 쌍의 인골이 수습되었으며 모두 12명의 인물을 그린 벽화가 확인되었다. 주인공의 초상화는 없었으며 묘지명에는 문왕 대흠무의 넷째 딸인 貞孝公主가 기원후 792년에 죽어 그해 염곡(染谷)의 서쪽 대지에 배장되었다고 한다.

발해 핵심지배층의 묘제는 고구려의 봉토석실분을 그대로 계승한 것이다. 하지만 이 같은 묘제도 시간의 변화에 따라 당나라문화의 영향을 강하게 받으면서 점차 돌 대신 흙을 구워 만든 벽돌을 사용한 예가 늘어나고 고분벽화에 인물을 그릴 때에는 살이 쪄서 둥근 하얀 얼굴에 작은 눈, 가는 눈썹, 작고 붉은 입술 등이 특징적으로 부각되는 당나라식의 인물상을 많이 따르게 된다.

## (5) 발해의 불교문화

발해는 불교문화가 융성하던 나라였다. 그것은 우선 발해의 제3대 왕인 문왕의 존호(尊號)가 '대흥보력효감금륜성법대왕(大興寶曆孝感金輪聖法大王)'이라는 사실을 통해서 알 수 있고 정효공주묘 위에는 아예 탑을 만들어 놓을 정도로 부처와의 일체화를 꿈꾸었다는 점에서도 충분히 인정된다. 발해 지역에서는 지금까지 40여 곳에서 절터가 조사되었는데 그중 대부분이 5경 내에 분포하고 있었다.

발해의 불교와 관련된 유물 가운데 가장 독특한 것이 불상이다. 지금까지 1천 개 가까이 발견되었다고 하는데 재료에 따라 석불(石佛)·철불(鐵佛)·금동불(金銅佛)·도불(陶佛)·소조불(塑造佛)·칠불(漆佛) 등으로 나뉘어진다. 그중 니불(泥佛) 혹은 전불(塼佛)이라고도 하는 도불은 흙으로 빚은 뒤 불에 구워 만든 불상으로서 상경과 동경, 서경 등에서 대량으로 출토되었다.

특히 동경과 서경 지역에서는 2개의 불상을 나란히 붙여 놓은 독특한 형태의 쌍둥이 불상이 많이 발견되었다. 대부분 나란히 결가부좌한 상태에서 왼쪽 부처의 오른손을 오른편 부처의 왼손 위에 올려놓은 모습인데 양 옆에 협시보살을 둔 것도 있다. 하나의 커다란 광배를 공유하는 이러한 쌍둥이 불상을 보통 이불병좌상(二佛並坐像)이라고 한다. 이불병좌상은 보통 석가모니불과 다보불로 구성되며 법화사상을 표현한 불상이기 때문에 발해에서는 법화사상이 유행하고 있었던 것으로 보인다. 또한 상경 지역에서는 관음상이 많이 발견된 점으로 미루어 볼 때 관음신앙도 유행하고 있었던 사실을 알 수 있다.

# 4) 발해의 대외관계

698년에 발해를 건국한 대조영은 당나라와 대결하던 돌궐과 처음으로 외교관계를 맺었다. 또한 대조영은 당시 당나라와 소원관계에 있던 신라에 사신을 보내 대아찬이라는 관등을 제수받기도 하였다. 이러한 대외관계는 건국 초기의 취약성을 극복하기 위한 의도였다고 하겠다.

당나라는 이러한 발해의 행동에 대해 민감하게 반응할 수밖에 없었다. 따라서 당나라는 마침 효소왕이 죽고 성덕왕이 즉위한 신라에 접근하여 효소왕의 죽음에 대해 극진한 예를 표하고 성덕왕에게는 신라왕으로 인정해주는 등 성의를 보였다. 이어 705년에는 발해와도 사신을 교환하여 관계를 개선하려 했으나 거란과 돌궐의 방해로 뜻을 이루지 못하였다. 결국 713년에 이르러 당나라는 대조영을 발해군왕(渤海郡王)으로 인정하고 발해와 정식 외교관계를 맺게 된다. '발해'라는 국호가 국제적으로 통용하기 시작한 것도 바로 이때부터였다.

719년에 대조영이 죽고 그의 아들 대무예(大武藝)가 무왕으로 즉위하면서 발해의 성장은 더욱 두드러졌다. 무왕은 즉위하자마자 '인안(仁安)'이라는 연호를 사용하면서 고구려 영토 회복을 목표로 세력 확장에 주력하였다. 721년 신라가 북쪽 국경에 장성을 쌓아 발해를 경계할 정도였으며 당나라와도 마찰을 일으켰는데 발해에 복속됐던 흑수말갈이 발해의 사전허가 없이 726년에 당나라에 사신을 보내 입조하면서부터 시작되었다.

당나라는 발해의 배후에 있던 흑수말갈을 적극 활용하여 발해의 세력 확산을 견제하려 하였고 발해는 흑수말갈을 공격하여 당나라와의 관계를 차단하려 하였다. 이 과정에서 두 나라 사이에는 군사적 긴장상태가 조성되었고 이에 발해는 727년 바다 건너 일본에 사신을 보내어 외교관계를 수립하였다. 그러던 중 발해 무왕은 732년에 장수 장문휴(張文休)를 보내 당나라 등주를 선제공격 하였다. 이에 대응하여 당나라는 무왕의 아우 대문예(大文藝)로 하여금 발해를 공격하게 하는 한편 신라에게도 군사지원을 요청하였는데 이는 바로 중국의 전통적인 '이이제이책(以夷制夷策)'이라 할 수 있다. 이 전쟁은 발해의 군대가 등주에 주둔하던 당나라군대를 격파한 뒤 그대로 돌아가고 또 당나라의 반격도 실패함으로써 더 이상 확대되지는 않았다. 비록 발해에 대한 공격이 성공하지 못했지만 이를 계기로 신라는 당나라로부터 대동강 이남의 땅을 돌려받을 수 있었다.

이후 발해 무왕은 735년에 당나라에 사신을 파견함으로써 당과의 우호적인 외교관계를 수립하게 되는데 737년에 무왕이 죽고 그의 아들 문왕이 즉위하면서 두 나라의 외교관계는 더욱 돈독해졌다. 한편 이즈음 발해는 일본과 사신을 주고받으며 유대를 강화하였고 신라와도 미묘한 대립 속에서 큰 갈등 없이 원만한 교류를 진행시켰던 것으로 보인다. 이는 당시 발해의 교통로에 조공도 · 거란도 · 영주도 · 일본도 외에 신라도라고 하는 5도가 설치된 점에서 알 수 있다. 그리하여 발해의 꾸준한 성장으로 인해 결국 당나라는 762년에 발해왕을 발해국왕으로 인정하기에 이른다.

발해의 세 번째 왕인 문왕(文王) 대흠무(大欽茂)는 무왕의 아들로서 기원후 735년에 즉위해 793년 죽을 때까지 무려 56년간을 재위했다. 그 사이에 세 번 수도를 옮겼는데 우선 즉위한 후 얼마 지나지 않은 742년경에 중경(中京)으로 도읍을 옮겼으며 756년에는 상경(上京)으로,

그리고 790년 무렵에는 다시 동경(東京)으로 도읍을 옮겼다. 8세기 후반에는 발해·당·신라 등 이들 세 나라의 상호 견제 속에서 세력균형이 이루어지고 평화적인 교류시대에 접어들게 된다.

신라는 발해를 '북국(北國)'이라 부르면서 사신을 파견하였고 당과 일본도 발해와 문물교류를 활발히 하였다. 발해의 성장과 그들의 높은 위상은 당이 발해를 '해동성국(海東盛國)'이라 칭한 사실에서 확실히 알 수 있으며 9세기에는 당 조정에서 신라와 '쟁장사건(爭長事件)'을 벌이는 요인이 되기도 했다. 이처럼 발해는 신라와 당나라와의 외교에서 윗자리를 차지하려 하였을 뿐 아니라 다양한 형태로 신라와 경쟁을 벌이기도 하였다.

그러나 10세기에 접어들면서 국제정세는 빠르게 변화하였다. 즉, 907년에 당나라가 주전충(朱全忠)에게 멸망당하였던 것이다. 이를 계기로 중국 대륙은 5대 10국이라는 대분열의 시대를 맞이하였고 한반도 역시 후삼국의 분열을 맞이하였다. 발해 역시 동북아시아 변동의 대세를 피할 수 없었는데 결국 925년에 당시 중국 대륙에서 강력히 대두하던 거란의 태조 야율아보기에 의해 멸망당함으로써 역사 속으로 사라지게 된다.

## 참고문헌

이기백 · 이기동, 『한국사강좌 I』, 일조각, 1982.
김기섭, 『주제별로 풀어쓴 한국사 강의록 - 고대편』, 가람기획, 1998.
서의식 · 강봉룡, 『뿌리 깊은 한국사 샘이 깊은 이야기』, 솔, 2002.

# 13

남북국시대
신라(新羅)의
대외관계

# 1) 신라와 당(唐)의 외교관계

## (1) 신라 중·하대의 견당사(遣唐使) 또는 입당사(入唐使)

고대 한국과 중국대륙 간 교섭은 고조선과 삼한시대까지 거슬러 올라간다. 그러나 수(隋)·당 이전에는 상호침략에 의한 적대적 관계 혹은 간헐적인 사신왕래정도였다. 그런데 6세기 후반 수나라가 대륙의 중원을 차지한 이후 한반도의 여러 나라는 수에 빈번히 사신을 보냄으로써 두 지역 간에 정치·문화적인 교류가 활발해졌다. 그러나 수나라는 3대 38년 만에 망하고 당나라가 그 뒤를 이었다. 중원을 통일한 당은 세계제국을 표방하면서 주변국들에게 문호를 활짝 개방하였다. 그 결과 고구려·백제·신라·발해·토번(吐蕃)·돌궐(突厥)·거란(契丹)·회골(回骨)·파사국(波斯國) 등 수많은 주변국들이 당에 사절단을 보내어 당과 정치적 유대관계를 맺었다. 뿐만 아니라 우수한 당 문화를 습득하기 위한 유학생과 구법승(求法僧), 각종 상인들이 당나라에 모여들었다.

이 시기 대당외교를 담당했던 사람들은 바로 견당사 또는 입당사였다. 그런데 『삼국사기』를 비롯한 우리나라 문헌에는 '견당사'란 용어를 직접 사용한 예가 없다. 그 이유는 관련기사의 대부분이 사절을 받아들이는 당측의 입장을 대변한 중국 측 기록을 차용하였고 그것마저도 매우 소략하기 때문이다. 대신 입공사(入貢使) · 입당사(入唐使) · 조공사(朝貢使) · 조빙사(朝聘使) · 조천사(朝天使) · 견사대당(遣使大唐) 또는 견사입당(遣使入唐) 등으로 표기하였다.

그러나 그 가운데에서도 입조사 · 조공사 등의 용어는 다분히 정치적 종속관계를 전제로 한 전근대의 중국적 표현이다.[22] 이러한 용어는 정치적 면에 한정하여 주로 사용되는 까닭에 문화 · 경제 · 문화적인 목적을 띠고 파견되는 사절단을 포괄할 수 있는 용어로 적당치 않다. 중국사의 전개과정에서 당 왕조는 4차례 존재하였다. 즉, 요(堯)가 개창했다는 도당(陶唐), 618년에 이연(李淵)이 수의 뒤를 이어 건국한 당(唐), 이 당나라가 907년에 망한 뒤 923년에 이존욱(李存勗)이 후량(後梁)을 멸망시키고 세운 후당(後唐) 그리고 937년에 이변(李昪)이 세운 남당(南唐) 등이 그것이다. 그 가운데 신라와 발해가 사신을 보내어 통교한 나라는 이연의 당과 이존욱의 후당이다.

---

22) 조공(朝貢)이란 고대 중국의 전통적인 중화(中華)사상이나 왕도(王道)사상에서 나온 대외형식으로서 중국의 역대 왕조와 그 주변국가 사이에서 존재하는 것이다.

## (2) 신라의 번영과 서해(西海)

서해 또는 황해(黃海)는 신라가 고구려와 백제를 멸망시키기 위해 당군의 지원을 받은 중요한 통로였으며 신라의 대당교역길이었다. 신라의 서해를 통한 대당교섭은 가장 활발한 문물교류와 인적왕래를 촉진하였다. 성덕왕대에는 재위 36년간 46회의 외교관계기사가 나오며 진평왕(眞平王) 43년(621) 이후 신라 말까지 300여 년간 신라는 서해를 건너 150여 회의 사신을 파견하여 대당외교의 중요성을 엿볼 수 있다. 남북국시대 신라의 견당사는 가까운 왕족이나 급찬(級湌) 이상의 인물들이 발탁되어 적극적인 외교정책을 폈으며 신라 말에 이르러 관등보다 관직 위주의 인물이 선정되었다. 특히 견당사의 왕래에 따라 교역되는 물품도 삼국시대보다 훨씬 다양해졌으며 시기별로 바뀌고 있었다. 즉, 신라의 수출품이 7세기까지는 금·은·동·우황·포목(布木)·인삼 등이 중심이었으나 8세기에는 과하마(果下馬)·우황·미발(美髮)·해표피(海豹皮)와 조하주(朝霞紬)·어아주(魚牙紬) 등이 주류를 이루었다. 9세기에는 금은제의 불상(佛像)·불경(佛經) 등이 수출되었다. 수입품으로는 역법(曆法)이나 도덕경(道德經)·불경·차종자(茶種子) 등 다양해졌다.

신라의 대당외교는 발달한 항해술과 우수한 신라선박의 활용으로 새로운 항로의 개척과 함께 더욱 촉진되었다. 즉, 8세기 중엽 이후 신라는 한반도 남단을 거쳐 동지나해를 건너가는 새 항로를 모색하기도 하였다. 이처럼 신라의 뛰어난 선박보유와 항해술과 달리 당시 일본의 항해술이나 선박기술은 여전히 뗏목 수준이어서 일본열도의 규슈연안에서 난파당할 정도로 원시적이었다. 이러한 연유로 인해 일본승려 엔닌(圓仁)은 안전하게 당나라에 들어가기 위해 신라선박을 이용해야만 했다.

## (3) 입당사의 역할과 활동

입당사들은 외교적 교량자였으며 정치 군사 문화면에서 커다란 역할과 활동을 하였다. 이들은 당나라에 머물며 숙위(宿衛)[23]는 물론 당의 정치·제도·문물 등을 수용하여 신라의 문화발전에 큰 역할을 하기도 하였는데 그러한 배경에는 서해라는 바다를 사이에 두고 신라의 정치인·외교관 및 수많은 지식인들이나 당나라인들이 왕래할 수 있었기 때문에 가능한 일이었다. 그리하여 신라의 입당사들은 견당사로서의 임무를 마친 뒤 신라에 돌아와서 재상과 같은 자국 내 최고위직에 오르는 경우가 많았다. 당의 사절 역시 당대의 대문호나 석학이거나 고위층인물이 파견되기도 하였는데 당조정의 이러한 태도는 신라가 '군자(君子)의 나라' 또는 '인의(仁義)의 고향'이라는 인식을 드러낸 것이라고 볼 수 있다. 신라조정이 자국에 들어온 당사절단에 대해 극진한 예우를 취한 것과 마찬가지로 당 조정 역시 신라사절에 대한 예우가 매우 극진하였다. 그러나 당시에 있어서 서해항해의 어려움은 나당양국이 똑같이 안고 있는 고충이었다. 헌덕왕(憲德王) 9년 (817)에 김장렴이 항해 도중에 폭풍을 만나 명주(明州)해안에 표착한 것을 비롯해 견당사가 돌아오는 길에 서해에서 익사한 사건도 있었으며 당나라 사절 귀숭경(歸崇敬)이 서해상에서 조난당하여 곤경에 빠진 일도 있었다.

---

23) 숙위는 왕족과 같은 고위층의 자제들을 당나라의 국학(國學)에 입학시켜 학문을 익히게 하는 제도다.

## 2) 신라와 일본(日本)의 외교관계

　신라가 문무왕(文武王) 16년에 비로소 당군을 축출하자 신라와 당나라 사이의 대립은 격화되고 국교가 단절되었다. 이때를 전후로 하여 일본에서는 이전시기에 백제연합군의 일환으로서 신라와 대치한 이후 점차 신라에 접근하려는 움직임이 일어나고 있었다. 즉, 일본의 중신내신겸족(中臣內臣鎌足)이 사자(使者)를 파견하여 김유신(金庾信)에게 배 한 척을 기증하는 동시에 막대한 예물을 보내는 등 친신라정책을 추진하였다. 또한 새로운 백봉(白鳳)문화24)를 건설하려던 일본의 천무천황(天武天皇)은 신라가 통일을 완수한 그해(675)에 견신라사(遣新羅使)를 임명하였는데 일본이 고구려 멸망까지 꾸준히 보냈던 견당사(遣唐使)는 중단되고 오히려 일본의 견신라사나 신라학문승(新羅學問僧)이 집중됨으로써 당시 일본의 친신라 외교정책을 엿볼 수 있다.

　일본의 불교문화에 나타난 신라불교문화의 영향은 사찰이나 불교조각 등에서 그대로 드러나는데, 7세기 후반 일본의 천무천황은 지방에 불교사원을 짓도록 하였고 신라와 매우 가까운 지역에 위치한 규슈(九州)의 쓰쿠시(筑紫)에서는 이 무렵 비로소 많은 사찰들이 지어질 수 있었다. 이때 초석(礎石)과 기단(基壇)을 마련하고 기와를 지붕에 올리는 신라적 요소의 가람(伽藍)이 등장하기도 하였는데 이는 일본이 이무렵 빈번하게 진행시킨 신라와의 외교관계를 통해 신라불교문화의 영향을 받고 있었던 증거다.

　반면 신라는 동북아에서의 전쟁이 끝난 이후 군이 일본의 사신이

---

24) 백봉(白鳳)문화란 일본의 대화개신(大和改新)에서 평성천도(平城遷都)까지의 불교문화(645~710)를 말하는데 백봉(白鳳)이라는 명칭은 원래 효덕(孝德)천황의 연호인 백치(白雉)의 별칭으로 알려져 있다.

나 학문승 등의 입국을 외면할 까닭이 없었다. 왜냐하면 신라는 건국 초기시절부터 왜구(倭寇)·왜병(倭兵)의 침투를 경계해 왔었는데, 신라로서는 당시 왜국이 중앙집권적 국가로 도약하여 그들의 군사(軍師)를 효율적으로 통제할 수 있는 체제로 변모되어 간다면 오히려 신라의 영향력강화와 함께 대외적 안정에 도움을 줄 것이란 기대가 작용하고 있었다. 이러한 양국의 이해관계에 따라 7세기 후반 이후에는 비록 약간의 갈등이 노정되기도 했지만 신라와 일본이 화친(和親)관계를 맺을 수 있었다. 그리하여 신라는 일본의 지배세력들에게 그들이 원하고 귀중하게 여기는 다수의 물산을 보내주기도 하였는데, 이는 당나라가 신라에게 하듯 신라 역시 자국의 선진의식과 자부심을 일본정부에 보여줌으로써 그들로 하여금 심리적 효과를 일으키게 하려는 고도의 외교전략이었다. 고대 동아시아세계에 있어서 공식적으로 국가 간 사신의 왕래가 발생할 때면 그 나라의 물산 내지 물품 등을 지참하는 것이 하나의 외교관례였다. 그런데 고대 동아시아 국가 간에 행해진 이러한 물산의 증여는 물산의 내용을 어떻게 구성하느냐에 따라서 왕권의 주요 매개수단으로써 기능하였다.

남북국시대 이전까지 신라의 대일외교는 대개 일정한 서식(書式)의 형태가 아니라 신라와 왜국 사이에서 오랫동안 관행적으로 해오던 구두(口頭)형태로 이루어졌다. 따라서 당시의 양국관계는 당의 경우와 달리 일정한 서식 없이 전통적으로 행해오던 방식 그대로 이루어졌다. 이로 인해 현존하는 일본사료상에서 일본의 천하관에 따라 신라를 마치 번국(蕃國)처럼 표현한 대 신라관계 용어나 기술 등이 7세기 후반 당대의 외교상에서 드러난 일본의 신라에 대한 종속적 태도와 상호 모순적으로 보일 수밖에 없었다.

그러다가 남북국시대 이후 대표적인 왕의 직속기관인 집사부(執事
部)가 신라의 대외관계와 관련한 업무를 수행하였다. 그리고 통문박
사(通文博士)25)가 집사부의 첩(牒: 공문서) 등 대외관련문서를 작성하
는 일을 담당하였다. 여기에는 당과 발해, 일본 등 각국의 국제적 위
상이나 상황에 따른 문서양식의 차이를 반영하는 조처가 포함되어
있었을 것이고 대외관련 서표(書表)를 관장하면서도 이에 부수되는
언어에 대한 학습을 병행하였을 것이다. 성덕왕대 통문박사의 설치는
외교업무기능을 강화한다는 측면에서 바로 성덕왕이 추구하고자 했
던 강력한 왕권구축이라고 하는 정책방향과도 맥락을 같이 한다.

대일외교와 관련하여 신라에서는 왜전(倭典)을 설치한 바 있는데,
왜전은 진평왕 13년(591)에 주로 왜인(倭人)을 상대하기 위해 처음 설
치된 관부였다. 그러다가 7세기를 전후로 한 시기에 중국대륙에서 새
로이 등장한 당나라와의 외교에 힘을 기울이려는 신라가 진평왕 43
년에 기존의 왜전을 폐지하는 대신 영객전(領客典)을 마련했다. 그리
고 진덕왕(眞德王) 5년(651)에 이르러 영객전이 영객부(領客府)로 승격
되면서 왜전이 그 하부구조로 편성되었던 것이다. 이후 왜전은 영객
부로부터 분리되어 왕권직속의 기구 안으로 재배치되었는데 그 시기
는 통문박사가 설치된 성덕왕 13년 무렵이었을 것이다. 이때 별치된
왜전의 기능은 주로 왕권직속의 의전(對日儀典) 및 생산관부로서 일본
조정에 보내지는 물품은 물론이고 일본으로부터 들어오는 증여물을
포함해 대일외교상에서 필요한 경비와 물자 등을 관리하고 조달하는
일이었을 것이다.

---

25) 통문박사는 성덕왕(聖德王) 13년(714)에 기존의 상문사직(詳文司職)을 좀 더 보강하고 그 명칭까지도 새
롭게 바꾼 것으로 국왕으로부터 직접 명령을 받아서 문서(文書)·서표(書表)의 일을 관장하던 관직이다.

신라에서는 일본사신에 대해 어떠한 외교의례를 행하였는지 기록 상에서 전혀 찾아볼 수 없다. 다만 신라에서도 당이나 일본의 사례에 비추어 볼 때 외교의례가 마련되어 있었을 것으로 추정하고 있을 뿐이다. 즉, 당시 당나라를 중심으로 한 동아시아 여러 나라에서는 빈례(賓禮)라는 외교의례가 널리 행해지고 있었는데 빈례는 모두 다섯 차례로 나누어져 외국사신을 맞이하는 절차가 마련되었던 것이다. 즉, 외국사신이 머무르는 객관(客館)에서 사신을 접대하는 영노(迎勞)의식, 황제를 인견(引見)할 날짜를 전하는 행위, '봉수표폐(奉受表幣)'의식, 외국사신을 궁성 안으로 초대하여 황제가 직접 참석한 연회를 베풀어주는 의식 등으로 이루어져 있다. 고대 일본에서도 이러한 빈례의식을 모방한 절차를 마련하고 있었던 것이다.

그런데 성덕왕 36년(737)에 일본사신에 대해 불납(不納)조치를 취한 예가 있었다. 이는 매우 이례적인 사건으로서 당시 신라의 정세가 성덕왕의 죽음을 전후로 하여 매우 어수선한 상황이었다. 이로 인해 신라조정에서는 일본사절의 입경(入京)을 거부하였던 것이다. 일본 역시 신라사신인 김상정이 일본관리에게 자국을 신라국이 아닌 '왕성국(王城國)'으로 높여 소개하자 신라사를 되돌려보내는 조치를 취한 바가 있었다. 이처럼 8세기 초·중반경의 양국관계에 있어서 약간의 부정적인 사건이 벌어졌음에도 불구하고 성덕왕대와 효소왕대 신라의 전체적인 대일외교정책에 그다지 큰 영향을 주지 않았는데 신라와 일본사절 모두 특정 계절에 상관없이 왕래하였으며 양국의 사절파견이 각기 국내사정이나 필요에 따라 진행되고 있었다.

이후 경덕왕 11년(752)에도 일본 측의 요청으로 김태렴 등의 신라 사절단을 보낸 바가 있었다. 그런데 경덕왕이 사절단을 일본에 파견한 배경에는 당시 일본에서 활약하고 있던 신라승 심상(審祥)과 관련된 불교행사에 참석함으로써 자연스럽게 신라문화의 우수성을 알릴 수 있는 계기로 삼고자 했으며 여기에서 행해지는 불교의례는 물론이고 일본의 왕족 및 귀족들이 필요로 하는 물품의 교역을 통해 왕권강화 및 안정에 도움이 될 수 있을 것이란 현실적 판단에 따른 것이다.

그러나 752년을 제외하면 일본사절단은 신라조정으로부터 입경(入京)을 거부당한다. 그 배경에 대해서는 분명하게 알 수 없지만 경덕왕이 점차 일본지배층 내에서 팽배해지는 신라에 대한 열등감과 반발심 및 경쟁심 등으로 인해 노골화되어가는 일본 측의 무례(無禮)를 도저히 묵과할 수 없었을 것이고 일본 측의 무례함을 단호하게 처리함으로써 신라의 대일외교방침을 내외에 천명한 것이라 볼 수 있다. 일본에 파견된 신라사절 역시 752년의 약 4개월 정도를 제외하면 대부분이 불과 2개월 미만이거나 바로 방환(放還) 내지 방각(放却)조치를 당하였다.

더구나 750년대 후반에 들어오면서 신라에 대한 침략논의가 가열되는 등 일본조정 내의 분위기가 심상치 않았다. 실제로, 일본은 757년부터 신라침략과 관련한 대책을 논의하면서 구체적인 침략준비에 한창 힘쓰고 있었다. 759년에는 신라의 침공을 우려한 일본의 타자이후(太宰府)가 신라의 동해변에 마주한 일본의 하카다(博多)나 이키(壹岐), 쓰시마(對馬) 등의 요충지에 병선(兵船)을 배치하여 만일의 사태에 대비해야 한다는 의견을 들고 나오기까지 했던 것이다.

그리하여 혜공왕대에 이르러서 신라와 일본의 사신왕래나 외교관계의 빈도가 매우 드물게 되면서 두 나라의 관계는 매우 소원해지게 된다. 신라에 대한 일본의 불만은 신라사에 대한 소극적인 냉대로 나

타났다. 그러나 혜공왕 14년(778)에 일본의 견당사(海上眞人三狩) 일행
이 표류하다가 탐라도(耽羅嶋)에 도착하여 섬사람들에게 억류되는 사
건이 발생하게 된다. 그러자 일본조정에서는 이들을 무사히 귀환시키
기 위해 견신라사를 파견하여 신라조정에 도움을 요청하게 되는데
이에 대해 신라조정에서도 그들의 요청을 수용하여 신라사 김난손과
김암 등을 동행시키게 된다.

　이 같은 신라 측의 태도는 일본에 대해 상국 내지 대국의 입장에서
은혜를 베푼다고 하는 회유적 측면이 강하다. 이는 이따금 일본의 해
안으로 표류해 오는 신라인들에 대해 인도적 차원의 송환을 명하는
조치에 상응하는 것이다. 이처럼 신라는 일본과의 외교단절이라는 극
단적 조치는 취하지 않았는데 순수한 목적의 공식사절파견과 함께
일본 측 부탁에 따른 인도적 차원의 사절을 파견하고 있었다.

## 참고문헌

신형식, 『통일신라사연구』, 삼지원, 1990.
권덕영, 『고대한중외교사-견당사연구』, 일조각, 1997.
김선숙, 「신라 중대 대일외교사 연구」, 한국학중앙연구원 박사학위논문, 2007.

# 14

## 후삼국(後三國)의
## 성립과 전개

## 1) 후삼국시대라는 용어의 해설

『삼국유사』와 『삼국사기』에는 '전백제(前百濟)'와 함께 '후백제(後百濟)'라는 표현이 나오며 '후고구려(後高句麗)' 내지 '후고려(後高麗)'라는 용어도 눈에 띈다. 『삼국사기』에는 신라 진성여왕(眞聖女王) 6년(892)에 견훤(甄萱)이 완산주(完山州) 곧 지금의 전주에 근거를 두고 '후백제'를 칭했다는 기록이 있다. 그리고 효공왕(孝恭王) 5년(901)에는 궁예(弓裔)마저 송악(松嶽) 곧 지금의 개성(開城)에서 왕을 칭했다고 하는데, 『삼국유사』에서는 이때 궁예가 '고려'라는 국명을 사용한 것으로 전하고 있다. 그렇지만 사람들은 보통 궁예가 세운 고려를 '후고구려'라고 불러 왕건(王建)이 세운 나라와 구별한다.

견훤과 궁예가 각각 백제와 고구려를 계승한다는 명분 아래 신라 왕실과 전혀 다른 독립정권을 세움으로써 신라의 영토는 크게 3구역으로 구분되었다. 한반도 중부지역을 차지한 궁예 정권과 서남부지역의 견훤 정권 그리고 동남부의 신라로 나뉜 것이다. 그것은 마치 7세기 중엽에 신라가 삼국을 통일하기 전의 모습을 연상케 하는 구도였다. 이러한 상황은 기원후 935년에 신라의 마지막 왕인 경순왕(敬順王)의 항복·선양을 받은 왕건이 이듬해인 936년에 대군을 이끌고 견훤의 백제를 멸망시킴으로써 종결되었는데 9세기 말의 효공왕(孝恭王)·신덕왕(神德王)·경명왕(景明王)·경애왕(景哀王)·경순왕(敬順王) 5왕대로부터 왕건의 통일까지 40여 년에 이르는 기간을 한국고대사학계에서는 보통 '후삼국시대'라고 부른다.

후삼국시대는 여러 모로 삼국시대와 유사한 점이 많다. 국명(國名)과 정국 구도가 같으며 생존이 치열한 전쟁을 벌인 점이 같다. 특히 궁예는 '고려'라는 국호를 그대로 사용함으로써 고구려계승의지를 분명히 드러내었다. 고구려는 광개토왕 내지 장수왕 때에 국명을 '고려'로 칭한 바 있다. 그래서 중국의 역사서에는 장수왕 이후의 고구려를 모두 '고려'로 지칭하고 있는 것이다. 어떤 이들은 궁예와 왕건이 사용한 '고려'라는 국호가 고구려에서 '구'자를 뺀 것이라고 설명하기도 하지만 정확한 설명은 아니다.

백제의 경우에도 마찬가지라고 하겠다. 견훤은 백제를 대신해 백제를 멸망시킨 신라에 대해 원수를 갚겠다고 공언했던 인물이다. 그것은 백제 계승의지의 강력한 표현임에 틀림없다. 그렇다면 견훤은 예전의 국명 앞에 굳이 '후'자를 새로이 첨가하지는 않았을 것이다. 실제로 어떤 사료에는 '견훤의 백제'라는 표현이 자주 등장한다. 따라서 국명으로만 본다면 고구려·백제·신라의 삼국시대가 다시 한 번 열린 셈이 되는 것이다. 10세기 전반의 정국상황은 삼국시대와 비교해 별반 다를 바가 없지만 사회의 분위기와 정권의 성격은 많은 차이가 있다.

## 2) 궁예 정권의 성립과 한계

9세기 후반에 들어서자 신라 곳곳에서는 각종 반란이 계속되었다. 특히 사회·경제적인 문제로 인해 많은 농민들이 고향을 떠나 떠돌아다니면서 도적이 되는 현상이 발생하곤 했다. 그러자 이들을 규합해 세력화하는 사람들이 나타났는데 죽주(竹州)의 기훤(箕萱), 북원(北原)의 양길(梁吉) 등이 대표적이며 원래 군인 출신으로 도적 무리를 모아 나라를 세운 견훤도 이에 속하는 인물이라고 할 수 있다.

궁예 역시 마찬가지이다. 그는 원래 승려 출신으로서 무리를 모아 처음에는 기훤의 휘하에 들어갔다가 기훤으로부터 예우를 받지 못하자 나중에 양길의 휘하로 옮겨갔는데 양길로부터 신임을 얻은 그는 양길의 출정사업에 적극 참여, 반신라적 활동을 벌이기도 하였다. 그러나 그는 기훤·양길 등과 달리 점차 약탈적 성격을 벗어나 행정조직을 갖추는 정치력을 발휘한 인물이었다. 그는 경기지역의 각종 세력을 병합하고 기훤·양길의 세력까지 격파함으로써 901년에는 스스로 왕이라 칭하고 '고려'라는 국가를 건설하였던 것이다.

『삼국사기』 「열전 궁예조」에는 궁예가 원래 신라의 왕족 출신이었다고 한다. 그런데 그의 출생 시에 조짐이 좋지 않자 부모로부터 버림을 받게 되었고 왕실을 떠나 숨어 살다가 10여 세에 세달사(世達寺)의 승려가 되어 사원세력을 배경으로 성장하였다고 한다. 이로 인해 궁예는 신라 왕실에 대해 개인적인 원한을 품게 되었고 시종일관 신라에 대해 적대적이었다고 한다. 사료상에 보이는 이 같은 궁예에 대한 설명은 그 사실여부를 떠나서 궁예가 기존 질서에 도전한 사람인 데다 나중에 부하인 왕건의 쿠데타로 실각한 사람이었기에 후대의 역사가들이 그를 매우 부정적인 인물로 평가한 것일 수 있다.

어쨌든 궁예의 '고려'국가 건설은 '고구려재건'으로 받아들여졌고 그를 통해 그의 세력은 급속히 증대되었다. 이처럼 궁예가 위세를 떨치던 시기에 왕건 역시 이미 선대(先代)의 해상세력을 배경으로 송악(개성)과 서해지방에서 기반을 구축하고 있었다. 즉, 왕권의 세력권은 예성강구를 중심으로 지금의 개성(開城)·정주(貞州)·연안(延安)·백천(白川)·평산(平山)·강화(江華) 등을 포함하는 예성강 중·상류 및 한강하류 등지까지였다. 여기서 왕건은 지도적 위치를 차지하고 있었으며 송악지방의 호족으로 등장하였던 것이다. 그러던 왕건이 진성여왕 10년(896)에 그의 아버지인 용건과 함께 자청하여 궁예 휘하로 들어간 것이다. 궁예는 왕건 일파의 귀순을 매우 환영하였고 그들을 매우 극진하게 대접하기도 하였다.

이처럼 궁예가 효공왕 2년(898)에 개성을 나라의 수도로 정하고 그곳에서 고려를 건설한 것은 고구려가 멸망한 지 200년이 지난 후의 일이었음에도 불구하고 당시 사람들에게 여전히 '고려'재건은 폭발적인 힘을 얻을 수 있었던 것이다. 이러한 사실은 신라의 삼국통일이 불완전했다는 뜻으로 받아들여질 수 있다. 그 원인은 아마도 신라의 골품제라고 하는 특징적인 신분질서에 있었던 것 같다. 즉, 혈통 중시에 입각한 신라의 신분질서는 고구려 및 백제의 유민들을 소외시킬 수밖에 없었을 것이며 그것이 기본적으로 신분제사회가 안고 있는 문제점과 맞물림으로써 결국 국민 전체의 결속력을 저해한 것이 아닌가 한다.

그러나 후고구려를 건설한 궁예는 효공왕 8년(904)에 국호를 마진(摩震)으로 바꾸고 무태(武泰)라는 연호를 사용하였다. 그리고 효공왕 9년(905)에는 송악으로부터 강원도 철원지역으로 옮겨 도읍을 정하는가 하면 효공왕 14년(910)에는 다시 국호를 태봉(泰封), 연호를 수덕만세(修德萬歲)로 고쳤던 것이다. 이러한 국호의 변경과 수도의 이전은 고구려계승이라는 명분에 변화가 온 것이라 볼 수 있는데 이에 대해 큰 실망과 배신감을 갖게 된 고구려유민들은 더 이상 궁예와 협력하기를 꺼리게 되었다.

물론 국호의 변경이나 수도의 이전 등은 궁예 자신의 권력기반에 대한 자신감의 표현이라고도 볼 수 있을 것이다. 연호 사용 역시 궁예의 자신감이 표출된 결과라고 할 수 있다. 연호 사용은 당시 동아시아의 정세를 주도했던 중국 중심의 세계질서에서 스스로 이탈하겠다는 의지의 표명으로 받아들여질 수 있기 때문이다.

그러나 궁예는 너무나 자신감에 찬 나머지 오히려 왕위에 오른 뒤 신하들에게 독선적인 태도를 견지하였으며 그로 인해 정치적 권력기반이랄까 입지가 약화되어 갔다. 즉,『삼국사기』「궁예전」에 의하면 궁예는 왕으로 즉위하기 이전에 사졸(士卒)과 고락(苦樂)을 같이하며 주고 빼앗고 하는 데 있어서도 공적으로 하고 사사로이 하지 않아 많은 사람들이 그를 경애하고 장군으로 추대하였다고 한 사실로 볼 때 그는 인과 덕으로 사졸을 대하고 공과 사가 분명한 인물이었음을 알 수 있다.

그런 그가 왕위에 오른 뒤 성품이 날로 방욕하고 잔혹하여 무고한 사람들을 많이 죽이고 참소하고 아첨하는 무리가 뜻을 얻게 되어 서로 참소하는 자가 많았다는 것이다. 대표적인 예로 913년에 있었던

'아지태사건(阿志泰事件)'을 들 수 있다. 이 사건은 청주인 아지태란 자가 같은 고을사람 입전(笠全) 등 3명을 궁예에게 참소한 일이 있었다. 그런데 이 사건을 왕건이 맡아 진위를 가려내면서 참소의 주모자 아지태를 처벌하게 되었다. 이 일로 인해 궁예와 왕건의 사이는 나빠지게 되었고 이후 궁예의 성품이 날로 포악해져 터무니없이 장상(將相)들에게 반역죄를 씌워 살해하는가 하면 부인인 강씨(康氏)가 궁예에게 비법행위를 간하자 그녀와 두 아들, 그리고 왕건추종세력들을 모두 살해하는 일까지 벌어지게 되었던 것이다.

더구나 궁예는 신라 곧 기득권세력에 대한 극단적 멸시를 보이기도 했다. 가령, 궁예가 경북 영주 부석사(浮石寺)에 그려진 신라왕의 벽화를 칼로 긁혔으며 경주를 멸도(滅道)로 부르게 하고 신라로부터 오는 사람들을 모두 죽였다는 등의 기록이 있는데 이는 다소 과장된 것이겠지만 궁예의 신라에 대한 강한 반감을 상징하는 좋은 사례라고 하겠다. 궁예의 포악하고 독선적인 태도나 신라, 곧 기득권세력에 대한 반감 표출은 사실 궁예 정권의 포용성 부족을 그대로 드러낸 것으로 결국 궁예 정권의 성장에 장애가 되고 말았으며, 경명왕 2년(918) 왕건이 궁예를 축출하는 빌미로 작용하였던 것이다.

## 3) 견훤 정권의 성립과 한계

『삼국사기』와『삼국유사』에 의하면 견훤은 상주(尙州) 출신으로서 그의 아버지는 아자개[阿慈(玆)个(蓋)]라 하며 성은 이씨인데 나중에 견훤이 성을 견으로 고쳤다고 한다. 그는 서남해안에서 비장(裨將)으로 근무하다가 진성여왕 6년(892)에 무리를 모아 무진주(武珍州: 광주)

를 습격한 후 독립정권을 세워 왕이라 칭했는데 효공왕 4년(900)에 드디어 완산(전주)에 도읍을 정하고 '후백제왕'을 칭하였으며 관직을 마련했다고 한다. 그리고 오월(吳越)에 사신을 보내 조공하고 관작을 받는 정치·외교력을 발휘했다. 기원후 925년에는 후당(後唐)에 사신을 보내 제후를 칭하며 조공하고 백제왕의 작호를 받기도 했다.

이러한 점들을 감안할 때 견훤은 궁예에 비해 매우 세련된 정치감각을 지닌 인물이었다고 할 수 있다. 특히 기원후 918년에 왕건이 쿠데타를 통해 궁예를 몰아내고 왕좌를 차지하자 곧바로 사람을 보내 축하하며 선물을 전한 것은 당시의 정국을 정치 논리로 풀어가려는 그의 의도가 드러난 행동이었다고 하겠다. 그리하여 신라 경애왕 2년(925)에는 백제와 고려가 서로 인질을 교환하는 우호를 과시하기도 했다.

그러던 신라 경애왕 4년(927) 가을 9월에 견훤의 군대는 신라를 파죽지세로 몰아붙여 경주 근처까지 진격했다. 그러자 신라에서는 고려의 왕건에게 구원을 요청했고 이에 왕건이 출병하기에 이르렀다. 그러나 신라의 구원 요청은 오히려 신라 측의 동태를 살피던 견훤을 자극했다. 공격의 고삐를 늦추고 있던 견훤의 군대가 10월에 갑자기 경주를 습격한 것이다.

이때 경애왕은 왕비와 궁녀 그리고 신하들과 함께 포석정(鮑石亭)에서 술을 마시며 놀고 있다가 황급히 별궁으로 돌아왔으나 끝내 포로가 되어 견훤 앞에서 죽임을 당했다고 한다. 그런데 견훤은 단지 경애왕만 죽인 것이 아니다. 궁궐에 들어가 거처하면서 왕비를 능욕하고 군사를 풀어 약탈을 자행했던 것이다. 견훤의 이러한 행동은 신라 경순왕 5년(931)에 왕건이 경주를 방문했을 때 신라왕에게 예의를 다하고 군대의 규율이 엄격했던 것과 대비되어 신라인의 반백제감정을 고양시키는 결정적 계기가 되었다.

견훤은 경애왕의 집안동생인 김부(金傅)로 하여금 신라의 왕위를 잇게 한 뒤 국가 창고의 진귀한 보물과 무기를 압수하고 퇴각했다. 돌아오던 길에 견훤의 군대는 지금의 대구 팔공산 아래에서 왕건이 이끄는 기병 5천 명과 전투를 벌여 크게 승리하게 된다. 이때 왕건은 휘하의 장군인 신숭겸(申崇謙)이 목숨을 바치며 군사를 이끌던 가운데 혼자서 몸만 빠져나올 정도로 대패했고 이후 백제는 한동안 고려의 군대가 전투를 피할 정도로 확실한 군사적 우의를 확보했던 것이다.

그러나 신라의 지배층과 백성은 이미 돌이킬 수 없는 상태에 빠진 자국의 운명을 백제보다는 고려의 왕건에게 맡기고자 했다. 자신들의 왕을 죽이고 약탈을 자행한 자를 새로운 지배자로 받아들이기보다는 자신들에게 따뜻한 시선을 보내 위로하고 겸손한 태도로 손을 내미는 사람에게 왕관을 씌워주고 싶었던 것이다. 이러한 신라의 태도는 군사적으로 열세에 처해있던 왕건에게 큰 힘이 되었고 그 힘을 기반으로 왕건은 다시 힘차게 일어설 수 있었다. 그렇다고 해서 그 힘이 백제를 멸망시킬 정도로 컸던 것은 아니다.

백제의 멸망 원인은 밖에 있었던 것이 아니라 안에 있었다. 견훤의 거듭되는 전투 승리에도 불구하고 왕건에게 귀순하는 사람들이 늘어났던 것이다. 그것은 견훤의 포용성 부재와 독선적 정국 운영에서 나온 결과일 개연성이 높다. 그러나 백제 멸망의 결정적인 원인은 내분이었다. 견훤에게는 아들 10명이 있었는데 견훤은 그중 넷째 아들인 금강(金剛)을 특별히 사랑해 그에게 왕위를 물려주려 했다. 그러자 맏아들인 신검(神劍)이 기원후 935년에 쿠데타를 일으켜 견훤을 금산사

(金山寺)에 유폐시키고 왕위를 차지했다. 금산사에 유폐된 견훤은 3개월 후 막내아들 능예(能乂)와 딸 애복(哀福), 애첩 고비(姑比) 등과 함께 몰래 탈출해 고려가 전략기지로 삼고 있던 나주(羅州)로 피신, 고려에 귀순했는데 왕건은 견훤을 상보(尙父)로 대우하고 양주(楊州)를 식읍으로 삼게 하는 등 후하게 대접하였다고 한다.

견훤에 대한 왕건의 후대는 백제인을 비롯해 고려에 적대적이던 사람들의 마음을 움직였다. 더욱이 견훤이 고려에 귀순한 직후 정통 왕조임을 자부하던 신라의 경순왕마저 스스로 왕건에게 왕위를 물려주자 안팎의 인심은 이제 급격히 고려 쪽으로 기울게 되었던 것이다. 그리하여 기원후 936년에 왕건이 견훤을 앞세우고 백제를 공격하자 백제의 군대는 저절로 무너졌으며 그 결과 후삼국시대는 막을 내리게 된다.

견훤의 신라에 대한 반감은 궁예와 크게 다르지 않았다. 견훤의 반신라감정은 그가 신라 왕실을 부인하고 독자정권을 세운 이상 그 정당성을 주장하기 위해서라도 당연히 취해야 할 태도였는지 모른다. 또 신라의 지배층이 사회혼란을 자초한 사실이 분명히 인정되는 만큼, 그들의 반신라감정은 한 부분 민심을 모으는 방편이 되기도 했을 것이다. 그러나 그러한 감정 표출이 지나치게 되면 필요 이상으로 과격해지거나 폭력적인 성향을 띠기 쉬우며 그 결과 또 다른 모순을 낳게 되는 법이다. 대내·외적으로 뛰어난 정치적 수완을 발휘하던 견훤이 신라에 대한 반감을 끝내 억제하지 못한 것은 차라리 그의 한계였다고 해야 하겠다.

〈사진 1〉 포석정

## 참고문헌

이기백·이기동, 『한국사강좌 I』, 일조각, 1982.
신형식, 『통일신라사연구』, 삼지원, 1990.
김기섭, 『주제별로 풀어쓴 한국사 강의록-고대편』, 가람기획, 1998.
서의식·강봉룡, 『뿌리 깊은 한국사 샘이 깊은 이야기』, 솔, 2002.

김선숙

서울 출생
세종대학교 역사학과 졸업
한국학중앙연구원 석사과정 · 박사과정 졸업
현) 한국학중앙연구원 동아시아역사연구소 연구원
    영동대학교 강사

「고대사료상에 나타난 한반도와 일본열도 거주민의 실체 및 상호인식」
「상고시기 한반도와 일본열도 간 주민이동 및 교류양상에 관한 검토」
「상고시기 한반도 서남부와 일본 규슈지역 간 교류 및 문화적 상관관계」 외 다수

한 권으로 읽는
한국
고대사
강의

초판인쇄 | 2011년 9월 9일
초판발행 | 2011년 9월 9일

지 은 이 | 김선숙
펴 낸 이 | 채종준
펴 낸 곳 | 한국학술정보㈜
주    소 | 경기도 파주시 문발동 파주출판문화정보산업단지 513-5
전    화 | 031) 908-3181(대표)
팩    스 | 031) 908-3189
홈페이지 | http://ebook.kstudy.com
E-mail | 출판사업부  publish@kstudy.com
등    록 | 제일산-115호(2000. 6. 19)

ISBN    978-89-268-2577-8 93910 (Paper Book)
        978-89-268-2578-5 98910 (e-Book)